Fischer TaschenBibliothek

W0179816

Alle Titel im Taschenformat finden Sie unter:
www.fischer-taschenbibliothek.de

»Bayern *erklären* – das kann, soll, muss, wird und tut dieses Büchlein nicht. Vor allem nicht vollständig. Auch nicht in kurzen Umrissen, in leicht fasslichen Schlagworten. Dies ist kein Reiseführer ins Wesentliche. Es ist überhaupt kein Reiseführer. Aber es ist eine kostbare Sammlung von Abwegigem und Kuriosem. Und gerade die Abwege führen oft zu überraschenden Einsichten.«

Jörg Maurer eröffnet mit dieser Gebrauchsanweisung seinen Blick auf Bayern: originell, mit Witz und vielen erstaunlichen Fakten über Land und Leute. Er führt an Orte, die nicht jeder kennt, und entdeckt Typisches, wo wenige es vermuten. Ein Brevier für Genießer und Freunde des Unerwarteten.

Weitere Bücher von Jörg Maurer: die Kriminalromane um Kommissar Jennerwein

Jörg Maurer stammt aus Garmisch-Partenkirchen. Seine acht Alpenkrimis von ›Föhnlage‹ bis ›Schwindelfrei ist nur der Tod‹ sind allesamt Bestseller und wurden mehrfach ausgezeichnet, u.a. mit dem Radio-Bremen-Krimipreis 2013. Sein Krimi-Kabarett ist Kult.

Weitere Informationen finden Sie auf www.fischerverlage.de

Jörg Maurer

Bayern
für die Hosentasche

Was Reiseführer verschweigen

FISCHER TaschenBibliothek

Originalausgabe

Erschienen bei FISCHER Taschenbuch
Frankfurt am Main, August 2016

© 2016 S. Fischer Verlag GmbH,
Hedderichstr. 114, D-60596 Frankfurt am Main

Umschlaggestaltung und -abbildung: bürosüd°, München
Die Abbildung ›Herr Hirnbeiß‹: © Franziska Bilek
Satz: Dörlemann Satz, Lemförde
Druck und Bindung: Kösel, Altusried-Krugzell
Printed in Germany
ISBN 978-3-596-52101-2

Auftakt

Die Zutaten für den Original Bayerischen Leberkäse sind gepökeltes Rindfleisch, fettreicher Schweinebauch, Speck, Wasser, Salz, Majoran, Muskatblüte und Ingwer. Alles wird zu einem feinen Brät zerkleinert und in einer Form gebacken, bis sich eine braune Kruste gebildet hat. Das Büchlein, das Sie momentan in der Hand halten, wiegt genauso viel wie eine Original Bayerische Normscheibe für eine Standard-Leberkäs'semmel – von einer solchen wird noch ausführlich die Rede sein. Genügt dieses Buch aber auch anderen Anforderungen? Ist es zum Beispiel möglich, Bayern auf derart engem Raum, auf lediglich 142 Gramm Papier, auch nur ansatzweise zu erklären, ohne ins Klischee-Humpftata zu geraten? Um ganz sicherzugehen, besuchte ich den kundigen Heimatpfleger meines Vertrauens, einen Fachmann für bedrohte Bauerntrachten, vergessene Volksbräuche und aussterbende Redewendungen.

»Welches Bayern meinst du denn? Das ländliche oder das städtische, das nördliche oder südliche, das waldige oder das gebirgige, das jetzige oder das vorige Bayern?«

»Alles zusammen«, antwortete ich. »Ich bräuchte einen gemeinsamen Nenner. Einen Brühwürfel. So etwas wie die zusammengedampfte Essenz des Phänomens Bayern.«

Der Heimatpfleger überlegte. Schließlich erschien ein wissendes Lächeln auf seinem von Wind und Wetter gegerbten Gesicht.

»Du fahrst am besten nach München. Dann gehst in die Sendlinger Straße, Haus Nummer 32.«

»Was ist da?«

»Das wirst du schon sehen. Schon nach ein paar Minuten hast du einen groben Bauplan der bayrischen Seele.«

Ich machte mich auf den Weg. Was würde mich in der Sendlinger Straße 32 erwarten? Eine aufwendig renovierte, turbo-urige Wirtschaft mit einem toptypischen Stammtisch, an dem authentische Eingeborene mit zitternden Gamsbärten sitzen? Oder vielleicht eher ein Museum mit Original Wittelsbacher Reliquien und königlichen Devotionalien? Vielleicht war Nummer 32 auch ganz einfach die Adresse der Geschäftsleitung von BMW, der CSU oder des FCB. Als ich schließlich vor dem imposanten Gebäude stand, schüttelte ich verwundert den Kopf. Schon nach kurzer Zeit in der St.-Johann-Nepomuk-Kirche (besser bekannt als ›Asamkircherl‹) verstand ich gut, was der Heimatpfleger meines Vertrauens gemeint hatte. Dieses Gebäude ist sozusagen eine Kurzfassung des bayrischen Wesens, unabhängig von Stadt und Land, Berg und Tal, Schwab und Frank.

Der Eingangsbereich ist abweisend und düster. Rechter Hand schneidet der grinsende Tod Lebensfäden mit einer großen Schere entzwei. Auf der anderen Seite lodert das ewige Feuer, in das auch noch der Blitz einschlägt. Höllenrachen, Flammenschwerter, Urteilssprüche, Schreie, Halseisen, brennende Herzen. Zum Kirchenschiff hin erhebt sich schließlich ein großes schwarzes Gitter wie in einem Gefängnis. Ist der Bayer tatsächlich so? Harsch, brutal, abweisend? Manchmal schon. Dann jedoch betritt man das kleine Kirchenschiff. Und tatsächlich: Hier drinnen versteht man Bayern am schnellsten. Die Gebrüder Cosmas Damian Asam und Egid Quirin Asam haben die wundersame Kirche 1733 gebaut und gestaltet, ohne kirchliche oder weltliche Auftraggeber, lediglich für den Eigenbedarf – auf diese Weise konnten sie schalten und walten, wie sie wollten. Dieses Eigenständige, Eigenbrötlerische führt zum Kern des bayrischen Wesens.

»Um Gottes willen, ist das überladen!«, hört man jeden zweiten Besucher flüstern. Auch wenn man (so wie ich) ein kunstgeschichtlicher Laie ist, springt einem der barocke Stil ins Auge. Er wirft einen nieder. Aber genau das ist die Absicht. Den Brüdern Asam ging es wohl weniger um Andacht und stille

Einkehr, sondern mehr um Repräsentation, Größe, Pathos, Muskelspiel sowie üppige Dekorationen, und das alles auf engstem Raum. Sie lassen es krachen, die frommen Künstler, und der weltliche Wohlstand schimmert überall durch, auch durch die schaurigsten Dunkelszenen von Tod und Verderben. Man sieht und begreift: Cosmas und Egid haben mitten im Stadtkern ein kleines Stück Bayern nachgebildet. Und die Touristen senden die Botschaft per MMS in alle Welt hinaus: So geht es wohl zu in bayrischen Seelen, die hin- und hergerissen sind zwischen demütiger Gottesfurcht und weltlicher Protzerei. (Geben Sie die Asamkirche ruhig in eine Suchmaschine ein. Die Bilder haben einen derartig üppigen Gold- und Vollsattfarbenanteil, dass der Rechner eine halbe Stunde braucht, um sie hochzuladen.)

Die meisten Gemälde in der kleinen Kirche zeigen den Lebensweg und das Wirken des heiligen Nepomuk. Er ist der Patron des Beichtgeheimnisses und der Verschwiegenheit, seine Hilfe wird erbeten bei Verleumdung, Meineid und Wassergefahr – das sind Themen, die im Freistaat durchaus schon immer eine Rolle gespielt haben. Im Erdgeschoss ist es duster, aber wenn man den Blick hinaufrichtet zum ersten Stock, dann wird es lichter und edler: Man sieht eine umlaufende Galerie mit stilisierten roten Theatervorhängen. Der Ort der Besinnung verwandelt sich schnell in einen Ort des Spektakels. Die Brüder Asam konnten von ihrem Wohnhaus nebenan durch einen Schlitz in der Wand einen Blick in ihre Kirche werfen, so wie Schauspieler vor der Vorstellung durch den Vorhang linsen. Die Theaterallegorie ist gewollt und überdeutlich. Denn gerade das Theatrale, Kulissenartige ist in Bayern zu Hause. Der Bayer ist die Rampensau unter den deutschen Volksstämmen. Er liebt den Knalleffekt, die Darstellung und natürlich die Selbstdarstellung. In dieser Kirche ist was los. Richtig in sich versinken und still beten kann man hier weniger, eher geblendet staunen und den Kopf schütteln. Ein Engel mit Helm und Federbusch zeigt marktschreierisch ins Kirchenschiff und ruft: »LOBET GOTT MIT DEM SCHALL DER HÖRNER! LOBT IHN MIT HARFE UND ZITHER! MIT PAUKEN UND TANZ!« Die bayrische Seele kennt keine Kleinbuchstaben. Aber die ohrenbetäubende Musik ist allgegenwärtig.

Das proppenvolle Asamkircherl hat drei Etagen. Ganz unten ist das barocke Lichtdesign wie gesagt duster und weltlich, auf diese Weise wird die Mühsal des täglichen Lebens dargestellt: Kummer, Leid, Sorge, Schmerz – gern hebt man den Blick. In der Mitte wird es lichter – hier thront die Obrigkeit, der Adel, die Regierung. Und ganz oben, im Juchhe, prangt gleißend und hell der Himmel. Diese drei-

9

fache Abstufung, die innere Dreifaltigkeit, die vereint der Bayer in sich. Er ist zum einen der alltägliche Dutzendmensch und bierselige Trunkenbold. Aber dann auch wieder ein regierungstreuer, der geregelten staatlichen Ordnung zugetane Bürger. Auf der dritten Ebene ist er idealistisch, verblasen und feinsinnig. Die Künste pflegt er. In die Oper geht er. Gedichterl schreibt er. Und das alles mit gleicher Inbrunst. Der Idealfall des Bayern war in früheren Zeiten der hart arbeitende Bauer, der einmal in der Woche das Amt des Bürgermeisters versehen und am Abend in der Stub'n zur Zither gegriffen hat. Die moderne Fassung davon ist der Ökobauer mit vier Windkrafträdern auf seinem halben Tagwerk Land und einem echten Ernst Ludwig Kirchner im Tresor.

Nach dem Besuch der Asamkirche versteht man die Einheimischen ein bisschen besser. Nicht viel, aber ein bisschen. Es ist schon einmal ein Anfang. So soll auch dieses Büchlein begriffen werden. Als Anfang. Bayern *erklären* – das kann, soll, muss, wird und tut dieses Büchlein nicht. Vor allem nicht vollständig. Auch nicht in kurzen Umrissen, in leicht fasslichen Schlagworten. Dies ist kein Reiseführer ins Wesentliche. Es ist überhaupt kein Reiseführer. Aber es ist eine kostbare Sammlung von Abwegigem und Kuriosem. Und gerade die Abwege führen oft zu überraschenden Einsichten.

Natürlich könnte man einwenden, dass das Asam-kircherl ein barocker Einzelfall ist. Vor dreihundert Jahren war das eben so. In der Zwischenzeit hätte sich viel verändert. Gar nichts hat sich verändert! Ein paar Gehminuten von der Sendlinger Straße entfernt stehen die neuerbauten *Fünf Höfe* mit ihrem wuchtigen Dreischlag aus Business, Entertainment und Style. Es ist dasselbe Bauprinzip. Von der Kardinal-Faulhaber-Straße her ein schmaler Eingang, abweisend und dunkel, fast mystisch und besinnlich, wieder gibt es ein geschmiedetes Gitter wie bei einem Kirchenportal. Dann wird es hell, der Blick geht automatisch in die Höhe, man kommt sich klein und winzig vor, ahnt man doch dort oben die Offenbarungen und Verheißungen der Warenwelt. Die Verkäufer bewegen sich in der konzentriert lässigen Art von katholischen Messdienern, die allgegenwärtige Chill-out-Musik würde sogar Hildegard von Bingen gefallen. Und die große, hängende Kugel aus Stahlgeflecht im Viscardihof senkt sich von oben auf die Gläubigen herab wie das Ewige Licht. HALLELUJA!

Die Anreise

Der bayrische Kabarettist und Autor Bruno Jonas hat einmal empfohlen, Bayern möglichst von Osten, also von Böhmen her, zu bereisen, um so auf den Spuren der ersten Siedler zu wandeln. Von den ersten Bayern ist allerdings wenig bekannt. Eigentlich gar nichts. Sie könnten von überall hergekommen sein. Es könnten Noriker, Räter oder Vindeliker, vielleicht auch verwilderte Kelten oder Etrusker gewesen sein, die weit vor Christi Geburt den waldigen Weg von Prag über Budweis nach Schnellenzipf und Philippsreut gegangen sind. Es ist alles reine Spekulation, aber die Vorstellung, die Geschichte im Kleinen ein bisschen zu wiederholen ist doch charmant. Eben hat man sich in Strážný, Řasnice und Krč noch durchs struppige Unterholz der tschechischen Konsonantenvielfalt gekämpft, im nächsten Augenblick schwimmt man schon im warmen Vokalstrom niederbayrischer Klangfülle. Ein Erlebnis des Ankommens.

Von Süden her anzureisen, über die Alpen, hätte ebenfalls historischen Biss, aber einen mit saurem Beigeschmack, denn von dort sind wohl die ersten Usurpatoren und Besatzer in Form von römischen Kohorten ins Land eingedrungen. Sie haben allerdings nicht nur Verwüstung angerichtet, sondern auch Städte wie Regensburg und Augsburg gegründet. Eine Anreise über die Alpen erinnert vielleicht auch daran, dass diese vor langer Zeit einmal unter bayrischem Einfluss gestanden haben. Die größte Ausdehnung erreichte das Herzogtum zwischen den Jahren 957 und 976. Das heutige Südtirol, Trient und ein guter Teil Venetiens und Istriens waren bayrisch. Stilvoll wäre demnach eine Reise hoch zu Ross, auf den Spuren von Herzog Heinrich dem Zänker (951 bis 995) mit Startpunkt Venedig.

Der Anreise von Norden her fehlen solche romantisch-historischen Aspekte. Jeden Tag brettern hundert- bis hundertfünfzigtausend Fahrzeuge von Berlin nach München. Die A9, die wie eine Schnittwunde in Deutschland klafft, war 1920 als ›Autofernstraße‹ Berlin–Rom geplant, sie ist eine der ältesten Autobahnen Deutschlands. Bis 1989 war sie Transitstrecke durch die DDR, jetzt verbindet sie das alte Preußen via Sachsen wieder mit dem alten Bayern. Waren die ersten Bayern gar Sachsen? Oder versprengte Preußen?

Von Westen, also von Baden-Württemberg her, anzureisen hat den Nachteil, dass man den Übergang gar nicht bemerkt, weder geographisch noch kulturell. Es ist eher eine Überblendung. Die alemannischen, schwäbischen und Allgäuer Elemente verlieren sich langsam und weichen unversehens den bayrischen. Die dadurch entstehenden sprachlichen und kulinarischen Mischformen sind allerdings äußerst vielfältig. Das ist eine Tour auf den Spuren von Napoleon Bonaparte, der Bayern das Königreich, einen Krieg mit Österreich und viele französische Wörter gebracht hat.

Mein Vorschlag ist jedoch die Anreise von oben. Denn erstens ist Bayern auf diese Weise noch nie okkupiert worden. Zudem ist die Chance, bei der Landung auf ein Postkartenklischee zu treffen, äußerst gering. Hierzu benützt man keinen normalen Flieger, sondern einen urtümlichen Heißluftballon. Man startet in Hamburg, Paris oder Zeitz Richtung Bayern. Da es bei einer solchen Luftfahrt nicht möglich ist, ein genaues Ziel anzugeben, wird man mit großer Wahrscheinlichkeit in einem unverfälschten Fleckchen des Freistaats landen. Die Rechnung ist einfach:

- Die Alpen bilden nur 5 % des bayrischen Staatsgebiets.
- Bierzelte und Jodelwettbewerbe sind seltener, als man denkt.
- Die Theresienwiese, das BMW-Gelände und die Allianz-Arena machen zusammen lediglich 0,000014 % des Staatsgebietes aus.

- Die Dichte der Brauereien ist auch nicht so furchtbar groß (2014 waren es 616).
- Ein Drittel Bayerns besteht aus Wald, ein weiteres Drittel aus Wiese.

Man landet also entweder auf einer der vielen Barockkirchen und stößt auf Probleme mit dem Klerus (»Landung auf der Kirchturmmauer macht den frömmsten Pfarrer sauer«) oder aber, mit 92%iger Wahrscheinlichkeit, auf unbebauter Fläche. Man sieht, was die ersten Siedler gesehen haben. Mit etwas Glück trifft man vielleicht sogar noch verirrte Noriker, Räten oder Vindeliker, vielleicht auch verwilderte Kelten oder Etrusker, die einen in breitestem Norisch, Rätisch, Vindelikisch, Keltisch oder Etruskisch nach dem Weg fragen. Man antwortet ihnen am besten in gepflegtestem Bairisch: »Darenndifeinet!« Mit wilder Inbrunst hervorgestoßen, werden sie es schon verstehen.

Das Ypsilon und das E

In gepflegtestem Bairisch oder in gepflegtestem Bayrisch? Es geht ja schon an mit dem auffälligen Ypsilon im Wort *Bayern*. Der altmodische Ur-Buchstabe sticht ins Auge wie ein Cartier-Klunker am Ohr eines Bräurosses. Das y adelt das bäuerliche Baiern zu einem fürstlichen Bayern. Man hat sich dran gewöhnt, aber man stelle sich Berlyn vor oder Nydersachsen, ganz abgesehen von Schleswyg-Holsteyn mit seiner marytymen Resydenz Kyl.

Bayern wurde nicht immer so protzig geschrieben. Genau bis zum 20. Oktober 1825 hieß der Flecken zwischen Spessart und Karwendel ganz schlicht und klunkerlos ›Baiern‹. Dann aber ordnete der Landesvater, König Ludwig I. (der Großvater vom Märchenkönig, von beiden wird noch die Rede sein) an, die geltende Schreibweise auf das griechische Ypsilon umzustellen.

»Majestä:?«

»Was steht heute an? Kriege? Steuererhöhungen?«

»Nichts dergleichen, Majestät.«

»Dann ändere Er wenigstens das plumpe i zu einem griechischen y.«

»Alles umändern, Majestät? Auch die Bybel?«

Man fing erst mal mit dem Landesnamen an. Der wahre Grund dafür war übrigens der starke Philhellenismus dieser Zeit, also die Freundschaft zum Griechentum. Otto, der Sohn von Ludwig I., wurde sogar zum griechischen König gewählt, Bayern und Griechenland waren damals eng verbunden.

Weiter geht es mit dem e. Es ist die alte Rechtschreib-frage: bayrisch oder bayerisch? Nur ganz kurz: Die Form ohne »e« ist umgangssprachlich; die Form mit »e« ist standardsprachlich, sie findet in offiziellen Namen Verwendung: der Bayerische Rundfunk, der Bayerische Wald. Aber: der bayrische Humor, der anscheinend dann doch nicht so ganz amtlich ist. Daneben gibt es auch noch das Adjektiv »bairisch«, das man verwendet, wenn lediglich die Sprache gemeint ist. Der Bayer selbst nennt sich »Boar« und spricht (außer im bayrischen ›Tatort‹) »boarisch«. Als ob das noch nicht genug wäre, gibt es noch das »Bajuwari-sche«. Was damit gemeint ist, ist reichlich unklar. Mit den »Bajuwaren« werden oft die Ureinwohner oder ersten Einwanderer bezeichnet. Das germanische Wort »baio-warioz« bedeutet schlicht: Die Männer aus Böhmen. Also doch! Aber kamen die ersten Bayern wirklich von driben? Aus Strážný, Řasnice und Krč? Und nur Männer?

Zum Ausmalen

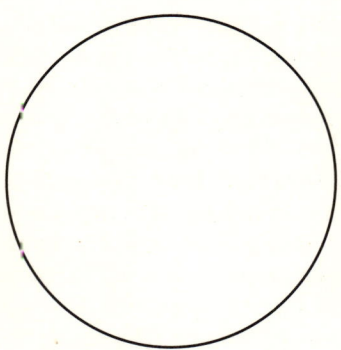

Nimm eine Kaffeetasse und
zeichne mit Bleistift einen Kreis.

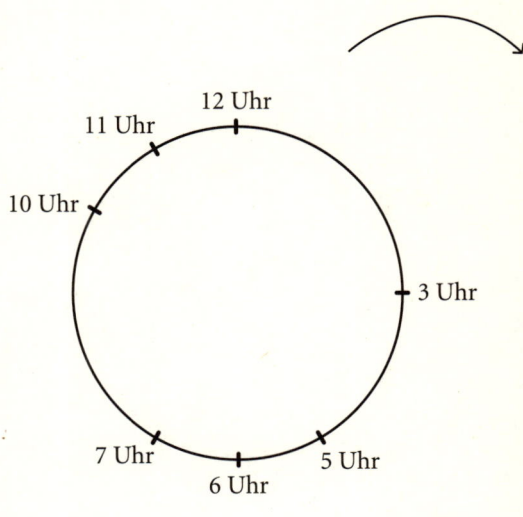

Markiere die angegebenen Uhrzeiten.

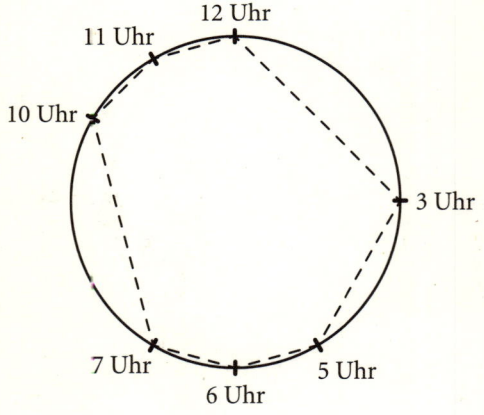

Verbinde die Markierungen mit Bleistift.
Ahnst du schon was?

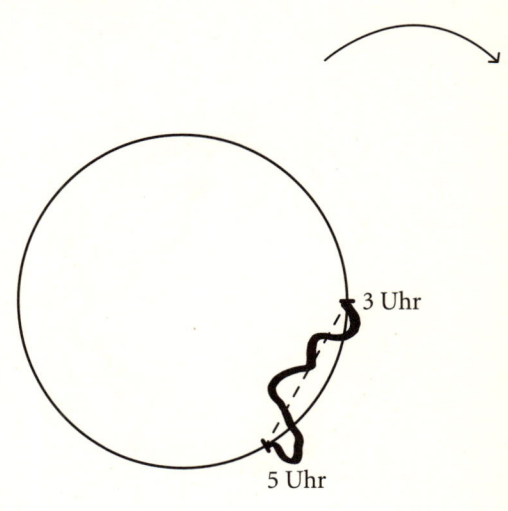

3 Uhr

5 Uhr

Beginne unten rechts bei 5 Uhr, arbeite immer gegen den Uhrzeigersinn. Zeichne einen Knubbel nach außen, dann einen größeren nach innen, noch einen kleineren nach innen, schließlich einen mittleren nach außen. Es entsteht ein Gesicht – unten das Kinn, oben der Mund und ganz oben, bei 3 Uhr, die Nase.

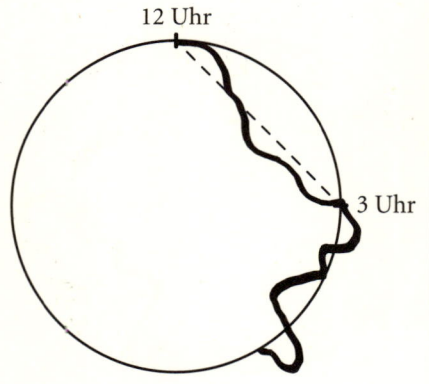

Von 3 Uhr zurück auf 12 Uhr: eine Delle nach innen, die selbst wieder eine Delle hat – ein kleines Stück auf der Linie – ein flacher Hügel nach außen.
Weißt du's schon?

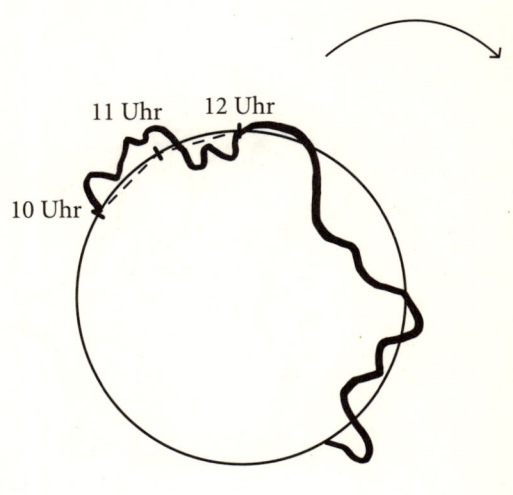

Und immer die gestrichelten Hilfslinien wegradieren!
Oben ist es leicht: zwei Bergspitzen nach unten, dann drei
Bergspitzen nach oben.

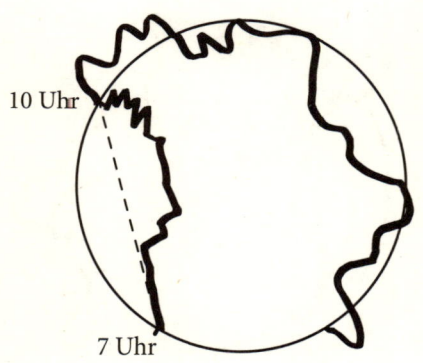

10 Uhr

7 Uhr

Das ist ein bisschen schwieriger: Zeichne einen Hennen-kopf, der nach rechts schaut.
Du schaffst es!

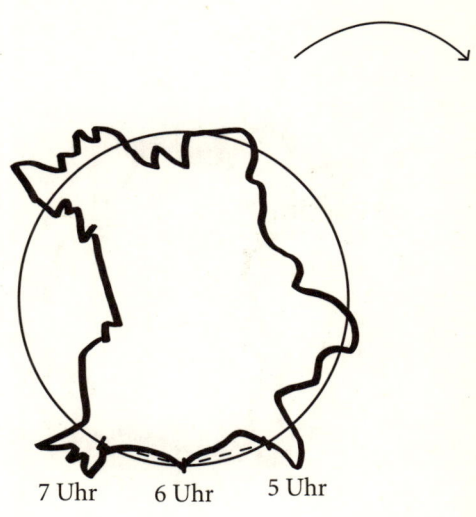

7 Uhr   6 Uhr   5 Uhr

Der Rest ist einfach:
kurz vor 7 Uhr eine Löwenpranke nach links unten, zwischen 7 Uhr und 6 Uhr ein Bäuchlein nach innen, zwischen 6 Uhr und 5 Uhr nochmal eins.

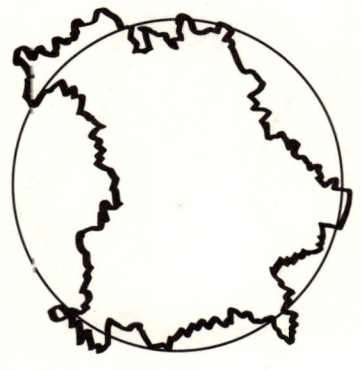

Jetzt radiere die Uhrzeiten weg und zeichne die gesamte
Linie nochmals mit dem Filzstift nach.
Zittere etwas dabei – dann wirkt es echter!

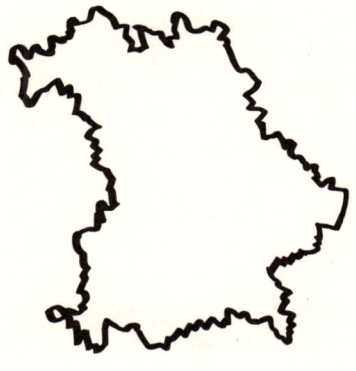

Du kannst stolz auf dich sein.
Du hast aus einem Kreis ein Land gemacht.
Dreh die Tasse wieder um und mach dir einen Kaffee!

So kann man sich eine ungefähre Vorstellung von der Gestalt des derzeitigen bayrischen Staatsgebildes machen. Wie jetzt: des bayrischen oder bay-e-rischen? Um nicht ständig zwischen den beiden Schreibweisen wechseln zu müssen, wollen wir das fragliche -e-mal durchgehend drinlassen, vielleicht auch noch kursiv und tiefergestellt, das weist auf die Bandbreite der Bedeutungen hin. Bay$_e$risch – das benennt das hochoffizielle *und* das alternative Bayern, das ist Markus Söder und Hans Söllner in einem. Wie halten wir es aber mit der bairischen Sprache, die laut Duden ein i verlangt? Schreiben wir da jetzt Bairisch oder Bai$_e$risch? Man könnte das Problem so lösen, dass das von König Ludwig I. verordnete griechische y einfach einen Punkt obendrauf bekommt. Oder noch besser zwei, das war früher ohnehin üblich. Solch ein Ba$_e$ÿrn sieht sowieso viel polyglotter aus. Irgendwie türkisch. Wenn aber die türkischstämmigen Bayern (das ist die größte ausländische Bevölkerungsgruppe) extra erwähnt sind, dann wird es nicht lange dauern, bis die Schwaben und Franken, die ewig beleidigten Leberwürste, daherkommen und sich ausgeschlossen fühlen. Wir könnten sie milde stimmen durch die Großschreibung der vorhandenen Buchstaben a und n, das sind die Autokennzeichen ihrer Hauptstädte, Augsburg und Nürnberg: bAÿ*e*rN. An den Münchnern und Oberpfälzern wird noch gearbeitet, die spanischsprachigen Mitbürger mögen ihr ñ bekommen, so dass wir schließlich stolz ausrufen können: Gott mit dir, du Land der bAÿ*e*rñ! Apropos Gott: Evangelen, Buddhisten und alle anderen Religionszugehörigkeiten, die wir hier außer Acht gelassen haben, werden mit einem interreligiösen Sternchen mit ins Boot genommen, Freidenker und Atheisten mit einem Unterstrich: *bAÿ*e*rñ_. Und damit sich gar niemand beschweren kann: Alle Varianten aktueller und zukünftiger geschlechtlicher Orientierung könnte man mit einem Audi-Logo, das aus dem Bauch des -b- quillt, abdecken. Will heißen: Vorsprung durch Technik. *bⴰⴰⴰAÿ*e*rñ_. Schwierig, sicherlich. Wenn man sich aber erst einmal daran gewöhnt hat, geht es ganz locker von der Hand.

Bis sich das aber durchgesetzt hat, lasse ich das -e- einfach mal durchgehend weg. Auf gut Bairisch. Schöner ökologischer Nebeneffekt: Auf den 256 Seiten dieses Büchleins habe ich mir das -e- dadurch 269-mal erspart, das ist eine viertel Seite. Es ist zwar nur ein klitzekleiner Beitrag zum Umweltschutz, aber sich damals in Wackersdorf von Polizisten wegtragen zu lassen hat noch viel weniger gebracht.

Bairisch für die Hosentasche

Der Auswärtige wird hierzulande daran erkannt, dass er versucht, ein allgemeines Wald-und-Wiesen-Bairisch zu reden, obwohl das nirgends so gesprochen wird. Die Dialekte im Freistaat sind vielfältig und oft grundverschieden. Man könnte grob einteilen in ein südöstliches Bairisch (Ober- und Niederbayern, Oberpfalz), ein nördliches (Franken) und westliches Bairisch (Schwaben). Doch dann gibt es jeweils wieder Hunderte von Sub-Dialekten und Tausende von Sub-Sub-Dialekten. Schon als Oberbayer wird man schief angeschaut, wenn man versucht, Schwäbisch zu reden. Was heißt schief angeschaut – Man gerät in Lebensgefahr. Das Gleiche gilt für einen Augsburger Schwaben, der sich im Allgäuer Dialekt versucht. Und schon der Unterschied zwischen den Augsburger Stadtteilen Göggingen und Ulrichsviertel soll enorm und unüberbrückbar sein.

Ich habe trotzdem versucht, ein paar gemeinsame Nenner zu finden. Für eine Postkarte, die man nach Hause schickt, nach Kiel oder Chicago, sieht das Küchenbairisch schon ganz ordentlich aus. Ich beschränke mich auf fünf Regeln.

1   Ab und zu ein Auslassungszeichen für den Buch-
    staben »e« setzen. Probieren Sie das mit einigen
    Wörtern durch, und Sie fühlen sich schon halb
    wie im Bierzelt:

    warten → wart'n
    trinken → trink'n
    besoffen → b'soff'n

2   Jetzt die Blasmusik und ein Jodler dazu: Aus den
    »i«-s werden gejauchzte »ia«-s:

    Licht → Liacht
    Liebste → Liabste

3   Aus »a« wird ein dunkles, langes »o«, in dem
    eine Prise »u« mitschwingt:

    Haar → Hoor
    war → woor

4   Die Endsilbe »-er« verwandelt sich in ein »a«:

    Schreiner → Schreina
    Mörder → Mörda

5 Und schließlich wird aus dem preußisch harten
   »u« ein weiches südländisches, fast mediterranes
   »ua«:

zu → zua
Mutter → Muatta

Fertig! Ich nehme einen bekannten hochdeutschen
Text, von einem bekannten hochdeutschen Nicht-
Bayern –

Über allen Gipfeln
Ist Ruh',
In allen Wipfeln
Spürest du
Kaum einen Hauch;

– und wende den Bairisch-Generator auf ihn an:

Üba oolle Gipf'l
is Rua,
üba oolle Wipf'l
spür'st
kaum an Hauch.

Sieht doch schon ziemlich bairisch aus, oder? Statt
»kaum einen Hauch« würde der Bayer eher »fast nix«
oder »eppas ganz Nixigs« sagen. Aber wer weiß das
schon in Kiel oder Chicago. Fürs Erste muss es ge-
nügen.

Die sechs Volksstämme Bayerns

Einen *Bayern an und für sich* gibt es eigentlich nicht, es hausen zu viele verschiedene Volksstämme in diesem buntscheckigen Land, alle mit völlig andersartigen geschichtlichen Hintergründen, unterschiedlichen Dialekten und vor allem eigenen Klischees. Diese Klischees sind uralt und nicht auszurotten: Der Schwabe ist sparsam, der Münchner säuft ständig Bier, der Franke will eigentlich gar kein Bayer sein usw. Das Erstaunliche ist, dass sich diese einzelnen Volksgruppen gegen die Klischees gar nicht mehr besonders wehren, will doch jeder der Stämme etwas Besonderes sein im Volksgruppengedrängel des Freistaats.

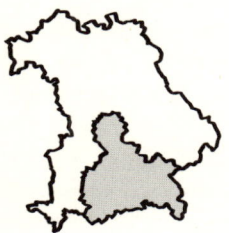

Zunächst zu den **Oberbayern**. Es heißt, dass sie die Lebenslustigsten sind, barock, theatralisch und verspielt, heimatverbunden und sesshaft noch dazu. Der viele Fremdenverkehr kommt ihnen gerade recht, sie bauen gerne Kulissen auf, inszenieren sich selbst und spielen mit Inbrunst Theater. Sie haben angeblich das Jodeln und Schuhplatteln erfunden. Man möchte sie den *dramatischen* Volksstamm nennen. ›Wanderers Nachtlied‹ von Johann Wolfgang von Goethe würde also bei einem Heimatabend des Fremdenverkehrsheims Tegernsee etwa so klingen:

> Über alle Gipfi spielt d' Musi – dreidullijöh!
> Hinter jedem Wipfi lauert 's Gpusi – drucksdiejöh!
> Auf oamoi tuats an Kracha
> drunt in eana blutrot'n Lacha
> flackt da Freund von da Susi.

(Je nach Anlass folgt nun ein Jodler, Schuhplattler, schneidiger Einsatz der Blasmusik, eine Rede des zweiten Ehrenvorsitzenden der Freiwilligen Feuerwehr Tegernsee, Böllerschüsse des Schützenvereins usw.)

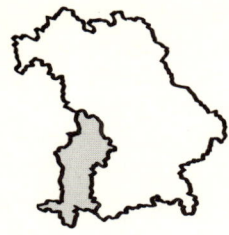

Den **Schwaben** hingegen sagt man Sparsamkeit nach. Sie gelten als zielstrebig, konservativ, haben Familiensinn, sind dem bürgerlichen Denken zugeneigt und vor allem von früh bis spät der Vermehrung des Geldes zugetan. Die Schwaben könnte man als den *manischen* Volksstamm bezeichnen. Wenn Goethe ein Schwabe gewesen wäre (mit dem »Docktr Fauscht« und einem »Wilhälm Moischtr«), dann würde sein Eintrag im Gartenhäuschen folgendermaßen lauten:

Die Gipfl vom Lärchawald schweiget,
die Dämmrung sich still und stumm neiget.
Herrjess, des war wiedr so a Dag
vollr Müahsal, Ärgr ond Plag.
Trotzdem bin i saumäßig heitr,
denn mei Geld arbeit haufagnuag weitr
durch mein günschtiga Bausparvertrag.

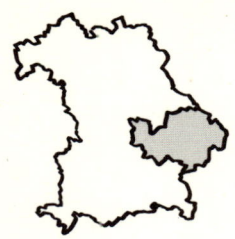

Die **Niederbayern** sind schweigsam und nachdenklich, sie gelten als die seelenvollen Russen unter den bayrischen Volksstämmen. Man wäre fast geneigt, Straubing, Deggendorf und Passau die *philosophischen* Enklaven Bayerns zu nennen. Ein niederbayrischer Goethe hätte demzufolge geschrieben:

(Mit großen, nachdenklichen Pausen zu lesen)

Draußen: oiss finsta.
Es rauscht nur da Ginsta.
Oa Geier kreist stumm.
Und d Nacht: Is boid um.

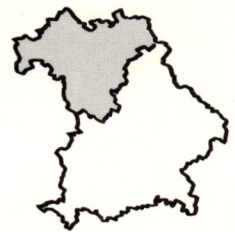

Die **Franken** wiederum sind intellektuell, erfindungsreich, allerdings leicht beleidigt. (Ich weiß, das macht man nicht, aber ich habe mal Ober-, Mittel- und Unterfranken zusammengefasst. Und schon sind sie wieder beleidigt.) Trotzdem sagt man ihnen eine von Grund auf heitere Wesensart nach. Ich möchte den Volksstamm deshalb liebevoll als *analytisch-sanguinisch* bezeichnen.

Nürnberger Christkindlesmarkt

Aufm Blatz is Ruh,
di Leid sin ganger.
Alle Ständla sin zu,
was etz anfanger?
Mei Becher is leer
Kan Glühwein gibts mehr.
Der Rausch muss bis morgn früh langer.

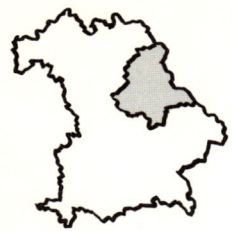

Die **Oberpfälzer** sind randständig, abgewandt und verschlossen, der Bayrische Wald ist ihr Refugium. Dieser Volksstamm ist *melancholisch* zu nennen. Der Oberpfälzer würde keine großen Worte machen. Das heißt nicht, dass er nichts zu sagen hat. Die Menschen zwischen Cham, Weiden und Regensburg drücken ihre Gefühle oft nur mit einem Wort aus.

ᴗ_ᴗ_ᴗ_ᴗ_ᴗ_ᴗ_
ᴗ_ᴗ_ᴗ_ᴗ_
ᴗ_ᴗ_ᴗ_ᴗ_
ᴗ_ᴗ_ᴗ_ᴗ_ᴗ_Rou!

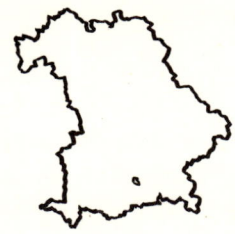

Der **Münchner** ist angeberisch und elitär, hochmütig und stolz. Er bildet sich etwas drauf ein, Münchner zu sein. Er betrachtet das restliche Bayern als rückständiges Land. Umgekehrt ist München für die Bayern das, was für die Amerikaner New York und für die Österreicher Wien ist. Laut, unecht, verlogen. Städtisch eben.

Das P1 und das CRASH machen zu,
über allen Lofts ist jetzt Ruh,
Einen Schluck Veuve Clicquot,
ein Gramm Koks oder so,
wirst sehen: Deine dreams will come true.

Beutebayrische Grenzfälle

Die grobe Einteilung Bayerns in sechs oder sieben Volksstämme ist natürlich zu kurz gegriffen. Wie vermutlich in jedem Gemeinwesen gibt es an den Rändern extreme Daseinsformen, die nicht in die gängigen Schubladen passen. Das **Werdenfelser Land** im äußersten Süden ist so ein Beispiel. Die Grafschaft Werdenfels gehörte bis zum Jahre 1803, also die meiste Zeit, nicht zu Bayern. Im Jahr 1294 verkaufte Graf Perchthold von Eschenloh seine Grafschaft an den Bischof Emicho von Freising. Die wirtschaftliche Bedeutung der Grafschaft war groß, denn hier konnten die Handelsstraßen nach Italien kontrolliert werden. Wer aus dem Süden mit Gewürzen, Früchten, Weihrauch und Wein kam, musste in Mittenwald, wer aus dem Norden mit Kupfer, Messing, Stoffen und Metallwaren kam, musste in Partenkirchen löhnen. So kam die Gegend zu einem gewissen Wohlstand und wurde als ›goldenes Landl‹ bezeichnet. 1803 endete mit der Säkularisation in Bayern die Herrschaft des Hochstifts Freising, die Grafschaft Werdenfels wurde dem Königreich Bayern zugesprochen. Aber noch heute sagen Werdenfelser, sie würden ins ›Boarnland naus‹ fahren, wenn sie die Grenzen der ehemaligen Grafschaft nach Norden hin verlassen.

Noch deutlicher sieht man die Eigenständigkeit bei der unterfränkischen Stadt **Aschaffenburg**. Um hervorzuheben, dass ›Aschebersch‹ innerhalb Bayerns durchaus eine gewisse Sonderstellung hat, standen im offiziellen Stadtführer 2006 die spalterischen Worte:

> »Aschaffenburg, eine Stadt im Rhein-Main-Gebiet, die durch den Spessart vom restlichen Bayern und Franken abgetrennt ist«.

In Aschaffenburg und Umgebung werden jedenfalls verschiedene Varianten der untermainländischen Dialekte als Unterformen des Rheinfränkischen (also des Hessischen) gesprochen. Aber wie sagt man dort oben im bayrischen Nizza: »Mia Ascheberscher derffe des.«

Der ehemalige Freistaat **Coburg** wiederum entstand nach dem Ersten Weltkrieg aus dem Herzogtum Sachsen-Coburg. Er existierte von November 1918 (Rücktritt des Herzogs Carl Eduard) bis zu seiner Vereinigung mit dem Freistaat Bayern 1920. In der ersten freien Volksabstimmung in Deutschland votierten 1919 über 88 % der Wähler gegen den Zusammenschluss des Freistaates Coburg mit dem Land Thüringen. Somit kam Coburg zum Freistaat Bayern. Gute Wahl.

Ludwigsstadt bei Kronach ist das nächste Beispiel. Der Rennsteig stellt die Sprachgrenze zwischen den Dialekten der thüringisch-obersächsischen Gruppe und den ostfränkischen Mundarten dar. Deswegen ist Ludwigsstadt die einzige bayrische Gemeinde, in der Südostthüringisch, das sogenannte ›Ludsch‹, gesprochen wird.

Ganz unten im Südosten liegt (ab 1890 Bad) **Reichenhall**, seit jeher schon dem Salzburger Land verbunden, hin und her geschoben zwischen den damaligen Großmächten, wie man ja überhaupt den Eindruck hat, dass einem die jetzige Staatsbürgerschaft lediglich der Willkür eines Kleinfürsten im 18. oder 19. Jahrhundert zu verdanken ist. Man hat eigentlich nur deshalb einen deutschen Pass, weil ein Halbgefürsteter Graf zu Hohenlohe-Reizenstein-Bademser bei einer Schlacht, die so unbedeutend war, dass sie gar nicht mehr in den Geschichtsbüchern vorkommt, einen falschen Befehl gegeben hat.

Solche und ähnliche Eigenständigkeiten scheinen auch der Grund zu sein, warum es nie mehr etwas geworden ist mit der Ablösung Bayerns vom restlichen Bundesgebiet beziehungsweise vom Deutschen Reich. Bayern hätte sich wahrscheinlich beim kleinsten Riss sofort zersplittert in Hunderte von putzigen Duodez-Staaten mit eigenen Währungen und Fußballnationalmannschaften. In so einem Fall wäre noch heute mitten in Bayern folgender Dialog zu hören:

»Willkommen im Großherzogtum Freising. Fahren Sie mal bitte rechts raus. Der Zwangsumtausch beträgt 30 Reichstaler in Silber.«
»Ich wollte doch bloß nach Rosenheim.«
»Da müssen Sie umkehren und über die Grafschaft Ingolstadt-Hohenfels fahren. Ich sage es Ihnen aber gleich: Die Grenzen sind gesperrt. Rosenheim ist zur Zeit im Besitz des Erzbischofs von Freising.«
»Ich dachte, das ist eine reichsunmittelbare Grafschaft?«
»Schon seit zwei Jahren nicht mehr, nach dem Krieg mit dem Herzog von Sachsen-Wittenberg.«
»Auf meinem Navi untersteht Rosenheim immer noch Seiner Majestät, dem bayrischen Kaiser.«
»Dann sollten Sie mal ein Update machen.«
»Ich wollte doch bloß billig tanken in Rosenheim. Was gilt dort für eine Währung?«
»Lassen Sie mich mal gucken – oh, là, là! – französische Louisdor, seit der Heirat der Rosenheimer Prinzessin mit dem Comte de la Roche.«
»Na gut, dann fahr ich nach Ebersberg. Wissen Sie, wie teuer das Benzin dort ist?«

»Momentan 3 florentinische Gulden die Gallone. Aber Sie wissen ja, das kann sich sehr schnell ändern.«

Zurück in die Gegenwart. Natürlich muss diese Auflistung von grenzwertigen Besonderheiten unvollständig bleiben, viele Städte, Gemeinden, Gemarkungen, Orte und Siedlungen können vermutlich den Finger heben und geschichtlich gewachsene Selbständigkeit anmelden. Und wenn alle genannt wären, dann käme höchstwahrscheinlich der Wurchterdinger Schorschl aus Zwickhartl-Kretzenwaging daher, daselbst rühriger Ortsvorstand und Einplattler, und gäbe zu bedenken, dass die saure Wiesen hinter seinem Haus von Ludwig dem Zänker 1315 in Erbpacht an den Kaiser von China verkauft worden ist, weswegen er als der Rechtsnachfolger …

Große bayrische Persönlichkeiten 1
Von Ach... bis Feu...

Herbert Achternbusch
* 1938 in München
Reservechaplin, cineastisch-literarische Doppelspitze mit dem Sinn fürs Sinnlose.

Franz Beckenbauer
* 1945 in München-Giesing
Ehemaliger zentimetergenauer Steilpassgeber, jetzt altersloser Kaiser. Bekannt für seine bedingungslosen Statements:

> »Der Grund war nicht die Ursache, sondern der Auslöser.«
> »Ja gut, es gibt nur eine Möglichkeit: Sieg, Unentschieden oder Niederlage.«
> »Erfolg ist ein scheues Reh. Der Wind muss stimmen, die Witterung, die Sterne und der Mond.«
> »Es wird sich doch noch ein Terrorist finden, der das Olympiastadion wegsprengt.«

Agnes Bernauer
*um 1410 (wahrscheinlich) in Augsburg, † 1435 bei Straubing

Sie ist die große tragisch-romantische Figur der bayrischen Geschichte, denn sie war die nicht standesgemäße Geliebte (vielleicht auch Ehefrau) des bayrischen Herzogs Albrecht III. Dessen Vater Ernst hat sie wahrscheinlich aus diesem Grund in der Donau ertränken lassen. Sonst ist von ihr wenig, eigentlich gar nichts bekannt. Eine ideale Voraussetzung für Theaterdichter und Opernlibrettisten! Es wimmelt nur so von literarischen Umsetzungen des Agnes-Bernauer-Stoffes. Immer wieder hervorgehoben wird ihre Schönheit. Der Chronist Veit Arnpeck schrieb 1493 bewundernd:

>Man sagt, das sy so hubsch gewesen sey, wann sy roten wein getrunken hett, so hett man ir den wein in der kel hinab sechen gen<

Dass nach der schönen, zarten und glashalsigen Frau ausgerechnet eine wuchtige Torte benannt wurde, die den Zuckertagesbedarf von zwölf Straubinger Bierkutschern abdeckt, ist ein Rätsel, das wohl nie gelöst werden wird.

Bertolt Brecht
* 1898 in Augsburg, † 1956 in Berlin
Schwäbischer Verfremder, theaterdonnernder Kulissenreißer, Rampenwälzer mit erhobenem Zeigefinger. Dazwischen seelenvoller Lyriker:

»In meine leeren Schaukelstühle vormittags
    setze ich mir mitunter ein paar Frauen
Und ich betrachte sie sorglos und sage ihnen:
In mir habt ihr einen, auf den könnt ihr nicht
    bauen.«
(›Vom armen B. B.‹)

Albrecht Dürer
* 1471 in Nürnberg, † 1528 ebenda
Alt-Fränkischer Perfektionist, Tod- und Teufelsste-
cher, Hasen-, Hände- und Heiligenmaler. Seit Jahren
Gesprächsstoff bei Kunstgeschichtlern: War er nun
schwul oder nicht?

Elisabeth von Österreich-Ungarn
Vollständige Postanschrift: Elisabeth Amalie Euge-
nie, Kaiserin von Österreich, Königin von Ungarn
und Böhmen, Königin der Lombardei und Venedig,
von Dalmatien, Kroatien, Slavonien, Galizien, Lo-
domerien und Illyrien; Erzherzogin von Österreich;
Großherzogin von Krakau; Herzogin in Bayern,
Herzogin von Lothringen, Salzburg, Steyer, Kärnten,
Krain, der Bukowina, Ober- und Niederschlesien;
Großfürstin von Siebenbürgen; Markgräfin von Mäh-
ren, gefürstete Gräfin von Habsburg und Tirol. (Vielleicht auch noch ›Königin von Jerusalem‹, denn ihr
Gemahl Franz Josef war König von Jerusalem)
* 1837 in München, †1898 Genf (Attentat)

Für uns ist es halt die Sisi aus Possenhofen am Starnberger See. Wenig bekannt ist vielleicht ihre philosophische Seite:

> »Jedes Mal, wenn du das Abwendbare abgewendet hast, geschieht das Unabwendbare.«

Rainer Werner Fassbinder
* 1945 in Bad Wörishofen, † 1982 in München
Bildschirmschoner der siebziger Jahre, vielseitig begabtes Allround-Ekel, Edel-Depressiver, turbo-schicker und größenwahnsinniger Rinnsteinpoet:

> »Ich möchte für das Kino sein, was Shakespeare für das Theater, Marx für die Politik und Freud für die Psychologie war.«

Lion Feuchtwanger
* 1884 in München, † 1958 Los Angeles
Münchner Staatenloser und amerikanischer Edelbayer mit dem Hang zu Schlüsselromanen. *Nearly like Feuchtwanger* war das höchste Lob, das amerikanische Literaturrezensenten für andere deutschsprachige Autoren zu vergeben hatten.

Ludwig Feuerbach
* 1804 in Landshut, † 1872 in Nürnberg-Rechenberg
Der bekannteste bayrische Philosoph. Scharfer Reli-

gionskritiker (»Gott ist eine leere Tafel, auf der nichts weiter steht, als was Du selbst darauf geschrieben.«), radikaler Materialist und früher Ernährungsberater (»Der Mensch ist, was er isst.«) Es ist vielleicht nicht verwunderlich, dass drei der bissigsten Religionskritiker und Gotteszweifler aus dem turbokatholischen Bayern kommen. Die beiden anderen sind Karlheinz Deschner (* 1924 in Bamberg, † 2014 in Haßfurt, Hauptwerk: »Kriminalgeschichte des Christentums«) und Oskar Panizza (* 1853 in Kissingen, damals noch nicht Bad, † 1921 in Bayreuth, Autor des 1894 entstandenen Skandalstücks »Das Liebeskonzil«, für das er ein Jahr Einzelhaft wegen Blasphemie kassierte).

Überhaupts: die Religion

Gottesfürchtige Kirchgänger, radikale Religionszweifler – die Bayern scheinen arg hin- und hergerissen zwischen verklärter Transzendenz und profaner Weltlichkeit. Bei diesem doppelbödigen und widersprüchlichen Nachdenken über das Jenseits bleiben natürlich vereinzelte Glaubensexzesse nicht aus. Der katholische Kraftort Altötting ist quasi das Symbol für solch einen religiösen Böllerschuss, Paukenschlag und Schwerthieb in einem. Altötting ist der bekannteste Wallfahrtsort Bayerns, es liegt auf einem der Jakobswege (Böhmen–Bayern–Tirol), über eine Million Menschen strömen jährlich hierher, viele Päpste waren da, viele Siemens-Manager, viele Sünder. Das nur wenige Kilometer entfernte Papst-Benedikt-Marktl hat der Marke Altötting nicht gerade geschadet. Am Kapellplatz verkaufen Devotionalienhändler Papst-Bier in Halbe-Flaschen. Hat nicht ein zorniger Jesus den Tempel von Händlern und Geldwechslern gereinigt?

> »Es steht geschrieben: ›Mein Haus soll ein
> Bethaus sein‹; ihr aber habt es zur Räuberhöhle
> gemacht.«
> (Lukas, 19, 45–46)

Aber vieles darf man eben nicht so wörtlich nehmen in der Bibel. Oder soll man sagen: in der Bybel?

Die Pilgerscharen kommen hauptsächlich wegen der schwarzen Maria von Ötting. Die kann man um Hilfe bitten, unzählige Votivtafeln des Dankes zeugen davon. Holzkreuze in verschiedenen Gewichtsklassen stehen bereit, sie werden geschultert, um die Kapelle damit zu umkreisen. Junge Männer in gutsitzenden Maßanzügen (Banker? Mafiosi?) sowie Damen in eleganten Kostümen (Bankerinnen? Religionslehrerinnen? Gloria von Thurn und Taxis? Tatjana Gsell?) ziehen mit dem schweren Kruzifix auf dem Buckel los, oft auf den Knien rutschend, manchmal auch flach auf dem Boden robbend. Man kann sich auf die Terrassen der gegenüberliegenden Cafés setzen und das theatrale Wesen des bayrischen Katholizismus gemütlich betrachten.

Doch damit nicht genug. Die Herzen vieler bayrischer Herrscher sind in Altötting bestattet, und das in wörtlichem Sinn. Auch das Herz von Ludwig II. ruht schaurigerweise in einem silbernen Döschen. Die Wittelsbacher praktizierten den merkwürdigen Brauch der Peu-à-peu-Bestattung seit dem Spätmittelalter. Die Eingeweide Herzog Georgs des Reichen, der 1503 in Ingolstadt starb, finden sich zum Beispiel in der Ingolstädter Liebfrauenkirche, der restliche Leichnam ruht in der Landshuter Wittelsbachergruft. Kurfürst Maximilian I. wurde sogar dreigeteilt: Die Eingeweide liegen am Sterbeort Ingolstadt, der Leichnam in München und das Herz eben in Altötting. (Ein heutiger Ministerpräsident müsste sich, politisch korrekt, nach seinem Hinscheiden in ganz Bayern verteilen: Das Herz geht nach München, das Hirn nach Franken, die plattelgestählten Wadeln ins Berchtesgadener Land, die Leber nach Kulmbach, der Magen nach Schwaben …) In Altötting begründete Maximilian jedenfalls die wittelsbachische Tradition, die Herzen der Angehörigen des bayrischen Fürstenhauses in den Wandnischen der dortigen Gnadenkapelle aufzubewahren. 1954 wurde hier noch das Herz der letzten bayrischen Kronprinzessin Antonia beigesetzt. Wer mehr erfahren will, sei auf die Homepage ›Herzbestattungen in der Gnadenkapelle von Altötting‹ hingewiesen.

Der enge Bund zwischen Mystischem und Profanem ist bayernweit verbreitet. Ein Gotteshaus steht nicht im Widerspruch zu einem Wirtshaus. Beide sind oft eng aneinandergebaut, gehen ineinander über, so wie der Frühschoppen die Frühmesse ablöst – Rausch ist beides. Im oberbayrischen Tegernsee gibt es das berühmte Ausflugslokal ›Bräustüberl‹, im selben Gebäude, gleich daneben steht das Gotteshaus St. Quirinus. Verlässt man Tegernsee und sucht die nahe gelegene kleine Siedlung Wildbad Kreuth auf, Hauptquartier der bayrischen Politikerkaste und Schauplatz vieler strategischer Winkelzüge, findet man gleich einen dreifachen Paukenschlag: Zunächst die wuchtigen Tagungsräume der Hanns-Seidel-Stiftung, gegenüber das historische ›Heilig Kreuz‹-Kircherl, das wiederum nahtlos in ein Wirtshaus übergeht. Selten sieht man die dreifältige Dreiheit Politik/Religion/Genuss so nahe beieinander.

Heidnische, christliche und gemischte Bräuche

Aus Bairawies, einem Ortsteil der Gemeinde Dietramszell in Oberbayern, ist ein merkwürdiger Heilspruch erhalten, der die Vermischung von heidnischem Aberglauben und christlicher Heiligenanrufung deutlich zeigt:

Gegen das Schwinden

(Gegen das Schwinden wird ein Stein unterm Dachboden genommen, in der Hand behalten und dabei folgender Spruch gebetet:)

»O Stein! O Stein! Ich habe Klagen über Nerven und Pein! Schwindest aus Fleisch und Blut! Schwindest aus Haut, Nervenmark und Bein! Du, N. N., sollst schwinden so wenig als das Wort Gottes schwindet und wie dieser Stein.
Es helfe Dir † Gott Vater † Gott Sohn † Gott hl. Geist †††«
(Dann wird der Stein wieder gerade so hingelegt, wie er war.)

Auch viele der altbayrischen Volksbräuche sind gleichzeitig christlich und heidnisch-unchristlich-profan geprägt. Beim **Fatschenkind** etwa wird das aus Wachs modellierte Jesuskind vom Kopf abwärts fest und straff in prächtige Stoffe eingewickelt – die christliche Vorstellung von einem Menschen ohne störenden Unterleib. Im Mittelalter bekamen Novizinnen solch ein ›Trösterlein‹ in die Zelle gestellt, doch das Einfatschen ist seit dem sechsten Jahrhundert *vor* Christus nachgewiesen, und zwar als profaner Alltagsbrauch. Vor allem in bäuerlichen Familien wurden fest eingefatschte Säuglinge mit einem Nagel an die Wand gehängt, um sie außer Reichweite der Haustiere zu bringen und um auf diese Weise unbehelligt der mühevollen Landarbeit nachgehen zu können, bei der man auf kein Familienmitglied verzichten konnte. Aber auch hochwohlgeborene Säuglinge wurden eingefatscht. Man glaubte, dass dadurch Missbildungen an dem zarten Körper vermieden werden könnten. Die wichtigste Funktion des Fatschens war die Prävention verkrümmter Gliedmaßen. So schreibt ein Passauer Arzt im Jahr 1601, dass das

»auff die Welten newgebrachte Kind […] gewaschen / und […] geseubert / die Gliedlein alle / wie sie seyn sollen / gerichtet und recht geordnet / ferners auch / und damit es nit in die Krümme wachse […] / der Gebür nach gebunden und eingewicklet«

werden müsse. Das hat sich gottlob verloren, aber in Bayern hat sich das Wort ›fatschen‹ (binden, bandagieren, umgürten) gehalten. Mit der ebenso schmerzhaften ›Watschen‹ hat das Fatschen wohl nichts zu tun, bei der Bezeichnung für die bayrische Ohrfeige scheint es sich um reine Lautmalerei zu handeln.

Hinter vielen Volksbräuchen, die scheinbar fest mit dem Kirchenjahr und den christlichen Sakramenten verbunden sind, verbergen sich gerade in Süddeutschland oft alte heidnische (oder zumindest heidnisch anmutende) Bräuche. Hier kommen die alten Kelten ins Spiel, von ihren druidischen Zauberkräutern, Fluchtäfelchen, Schadenzaubersprüchen und Verwünschungsritualen geht bis heute eine geheimnisvolle Faszination aus. Die Kelten haben wohl ihren Ursprung im nordalpinen Mitteleuropa (Kempten, eine der ältesten Städte Deutschlands, war eine keltische Siedlung), die bekanntesten Kelten sind aber immer noch die Gallier Asterix und Obelix. (Wo bleibt eigentlich die Folge *Asterix & Obelix bei den Bajuwaren*? Mit Troubadix, der nacheinander bei den Bayreuther Festspielen und beim Musikantenstadl vorsingt?) Gleichwohl. Bei vielen Bräuchen meint man, viele Jahrhunderte zurückgeworfen zu werden und die vorchristlichen, wilden Angewohnheiten mal ganz hautnah miterleben zu dürfen. Die **Perchten** (etwa die in Kirchseeon und Bad Reichenhall) sind Beispiele für solche schreckenerregenden, archaischen Gestalten. Sie ziehen mit enorm hässlichen Masken und unter lautem Gebrüll durch die Straßen und sollen auf diese Weise den Winter austreiben. In Franken wiederum gibt es den Brauch des **Feuerrads**. Am vierten Fastensonntag werden brennende Wagenräder aus Holz ins Tal gerollt, kleinen Sonnen gleich, was wohlig schauerlich anzuschauen ist, und gleich eine Kontrollbeschäftigung für die örtliche Feuerwehr nach sich zieht. Manchmal klappts auch nicht, und das Haus des verhassten Nebenbuhlers brennt lichterloh. Der Handwerkerbrauch des **Jackelschutzens** im Fasching ist im Voralpenland zu Hause. Eine Puppe wird dabei in ein großes Tuch gelegt und von vier starken Männern hochge*schutzt*. Früher wurde keine Puppe ›geprellt‹, sondern ein Schneidergeselle, der auf diese Weise seinen Mut beweisen konnte. (Heutzutage wäre auch ein Skispringerchen möglich. Man könnte es zurück auf den Schanzenturm schutzen.) Aus Klais wird die hundertprozentig wahre Geschichte erzählt, dass einmal an einem Rosenmontag ein zaundürrer Schneiderlehrling beim Jackelschutzen so in die Höhe geworfen worden ist, dass er bis heute nicht heruntergekommen ist.

Hinter altbayrischen Bräuchen verstecken sich oft genug auch ruppige Gemeinheiten. Gerade rund um das Thema Hochzeit gruppieren sich Bräuche aus der Abteilung Hart-aber-herzlich, wie das **Zumauern** der Tür, nachdem sich das Brautpaar ins Haus zurückgezogen hat; das Verhunzen des Kieswegs mit Sägespänen; oder das **Scheitlknien**, ein äußerst schmerzhafter Hochzeitsbrauch, der sich bis heute gehalten hat. Der Bräutigam muss hierbei auf der scharfkantigen Seite eines Holzscheits kniend zehn Kosenamen seiner Liebsten (oder die Namen der vierzehn Nothelfer mit ihren jeweiligen Zuständigkeiten) aufzählen. Andere Bräuche sind schon ausgestorben, wie das **Haberfeldtreiben**, ein Rügegericht mit Höllenlärm mitten in der Nacht, das in der Gegend zwischen Tölz, Tegernsee, Miesbach, Rosenheim und Ebersberg beheimatet war. Aus dem Bayerischen Wald stammt der Brauch, dass man den **Strohsack** aus dem Bett eines Verstorben verbrannt hat. Der abziehende Rauch des Strohfeuers zeigte die Richtung an, in der der nächste Todesfall geschehen würde. Das klingt schon wieder nach den druidischen Kelten.

In der Gegend um Regen und Viechtach ist noch heute der Brauch der **Totenbretter** lebendig, wenn man das so sagen darf. Es ist ein skurriler, aber auch nachdenklich stimmender Brauch. (Wieder einmal tritt Niederbayern als hochphilosophisch geprägter Landstrich in Erscheinung.) Auf die Totenbretter legt man die Verstorbenen, um sie zum Friedhof zu transportieren. Dann werden die Totenbretter mit sinnigen Sprüchen beschriftet und in der freien Landschaft aufgestellt:

> Durch einen Ochsenstoß
> kam er in Gottes Schoß.
> Er fand die ewige Ruh,
> durch dich, oh Rindviech, du!

Der Volksglaube besagt, dass die Seele dieses Verstorbenen erst dann aus dem Fegefeuer (oder dessen keltischem Äquivalent) kommt, wenn die Inschrift nicht mehr lesbar und das Totenbrett vollständig verwittert ist. Nach dem Volkskundler Reinhard Haller, der diesen Brauch umfassend dokumentiert hat, kümmern sich inzwischen die Vereine um den Fortbestand des Brauchs. Beim Tod eines Vereinsmitglieds wird ein Totenbrett gemalt – an manchen Wanderwegen und Plätzen sind auf diese Weise bereits ganze Bretterwände entstanden.

Den ausgewiesenen Bayern-Hasser und Bargfelder Heideschriftsteller Arno Schmidt erwartet man ja gewiss nicht in diesem Büchlein, aber er hat genau diesen Gedanken in seiner Erzählung *Tina oder über die Unsterblichkeit* verarbeitet. Kannte er die bayrischen Bräuche? Auch hier kommen die Verstorbenen erst dann ins selige Nirwana, wenn ihre Namen bei uns auf Erden vollständig vergessen sind. Pech für alle Promis, besonderes Beileid gilt solchen Kalibern wie Shakespeare und Goethe. Allerdings hatte die Idee auch zweihundert Jahre vorher der Franke Jean Paul mit *Selina oder über die Unsterblichkeit der Seele.* Kann es sein, dass sich Arno Schmidt bei einem süddeutschen Kollegen bedient hat? Um schließlich mit Karl Valentins Worten zu sprechen:

> »Ein Brauch ist etwas, was es nicht unbedingt braucht, was man aber trotzdem regelmäßig macht, meistens einmal im Jahr. Eigentlich müsste es ja deswegen Macht heißen, aber Macht heißt schon was anderes, darum heißt es Brauch.«[1]

---

1 Diese Definition *könnte* von Karl Valentin sein, es ist aber der vollständige Text der Dissertation des Heimatpflegers meines Vertrauens, der sich damit seinen Doktortitel mit *summa cum laude* erworben hat. Er hat nämlich plausibel begründet, dass mit diesem einen Satz schon alles über Bräuche gesagt sei.

Die Tracht - ein Spiegel der Seele

Messer links, Streit bringt's

Wo der Trachtler sein Stichmesser trägt, ist durchaus nicht gleichgültig. Denn steckt das Messer auf der linken Seite in der Lederhose, bedeutet das: Raufen erlaubt! Oder sogar erwünscht! Also, auf gehts!

Rechts das Messer, schleichst dich besser

Dieser Bursch hat heute schon gerauft. Oder seine Frau hat ihm das Raufen generell verboten. Vielleicht ist er auch einfach nur ein Weichei. Finger weg von solchen Typen.

Mitten am Bauch, schleich dich auch

Sein Stichmesser vorne in die Hose zu stecken sieht erstens bescheuert aus, zweitens ist so ein Typ unentschlossen. Von den Eigenverletzungsrisiken ganz zu schweigen. Man sollte ihm trotzdem nicht zu nahe kommen. Die Stimmung eines Mittigen kann jederzeit umschlagen.

Messer hint', zück deins gschwind

Wenn sich Burschen das Messer hinten in den Hosenbund stecken, dann kann das zweierlei bedeuten: Entweder sie sind verwitwet, oder sie tragen das

Messer beruflich, sind also Metzger, Friseure oder Messerwerfer. Hier bietet sich ein Fachgespräch an.

Und wenn das Messer ganz fehlt?
Das kann eigentlich nur eine Bewährungsauflage sein, die dem Freigänger das Tragen von Waffen strikt verbietet. Dieser Bursch ist bestimmt in einem anderen Bundesland als in Bayern verurteilt worden.

Wahrscheinlich kennt man die ganze Geschichte in der Variante mit den Dirndlschürzenschleifen der Schürzendirndl auf dem Oktoberfest. Rechts, links, Mitte, hinten, eh klar. Eine Diskussion über solche Alltagsmythen ist sinnlos. Trachtengegner und Trachtenfans stehen sich so unversöhnlich gegenüber, dass ich hier darauf verzichte, Partei zu ergreifen. Andererseits sollte ein Sachbuch aber auch immer ein bisschen Lebenshilfe sein. Deshalb hier ein paar Anregungen zum Thema Trachten, an die man sich vielleicht beim nächsten Einkaufsbummel erinnert. Es ist nichts weiter als eine kleine Auswahl von urigen Trends, alpinen Modestyles und authentischen Landhaus-Accessoires. Geschmack und Humpftata – im Süden kein Widerspruch.

- Modell *Oberförster*: Großkarierte Karo-Pfoad (Hemd) aus reiner Baumwolle. Outdoorjacke aus Leder und Loden mit herausnehmbarem Kaninchenfellbesatz. Rucksack, aus dem eine seidige Rehschulter herauslugt. Rauchende Flinte zum Umhängen.

- Modell *Holzhackerbua*: Lederhose in handgeschlegeltem, erdfarbenem Kalbsleder. Dekoratives Hackebeilchen in Beiltasche grün und ocker. Gestickte Lederhosenträger mit der Querstrebenaufschrift ›Gsund samma‹, ›Mei, is mir schlecht!‹ oder ›Is heit Föhn?‹.
- Modell *Bavaria black*: Grunge-Dirndl aus Flanell. Wir empfehlen ein Styling mit großzügig dunkel geschminkten Smokey Eyes, dunkle Lippenstiftfarben und schwarzlackierte Fuß- und Fingernägel.
- Passend dazu der Grunge-Trachtler *Kurt Cobain alpin*: speckige Lederhose, großkarierte Flanell-Pfoat über dem T-Shirt, dazu langärmliger Trachtenjanker.
- Modell *Mann oder Frau – weiß mans genau?*: Transgender-Dirndl lilafarben, dazu Leggings und androgyner Oversize-Trachtenjanker. Zwei verschiedene Schuhe: links ein Haferl-, rechts ein Riemchenschuh.
- Weiß-blaue Rückendecke für den Zamperl (Hund) in verschiedenen Größen und mit verschiedenen Aufdrucken.
- Viele Accessoires: breitkrempiger Hut im Wilderer-Style, extrabreiter Gürtel aus Gamsleder, Gamslederhandschuhe, gefüttert, mit echtem Wildge-

ruch, Fächer weiß-blau für die Oper, Sonnen- oder Regenschirm mit Aufdruck ›Hob i an Durscht!‹, Taschen, Tücher und Schmuck im Landhaus-Look.
- Alpine Fußabtreter mit weiß-blauem Rand, hüttengeeignet, mit folgenden Aufschriften:

Haxn abkratzn!
Belli (Kopf) abkratzen!
Eina mit dir, du Depp!

Der Depp als Marke

Wie ist das überhaupt mit den Klischees und Stereotypen? Vor allem die Südbayern werden als urig, gmüatlich, griabig beschrieben – und sie stellen sich auch selbst so dar, denn das ist Teil ihrer Vermarktungsstrategie. Kein Bayer kann sich darüber beschweren, als Seppl, Depp und Wildbiesler abgestempelt zu werden, es ist inzwischen seine Wort-Bild-Marke mit Benutzungszwang geworden. Das mag bauernschlau sein, hat aber den Nachteil, kaum mehr rückgängig gemacht zu werden. Die Volksmusikshows im TV, die Homepages der Fremdenverkehrsverbände, die Prospekte der Landhausstyle-Stadtflucht-Industrie übertrumpfen sich darin, wer der Urigste, Griabigste und Gmüatlichste ist. Die erfolgreichste bayrische Marke im Ausland ist nicht etwa BMW, sondern die Münchner Wiesn, und es gibt inzwischen weltweit unzählige ›Oktoberfeste‹. Das größte davon findet im chinesischen Qingdao statt, dorthin strömen jährlich um die 4 Millionen Besucher. Der Topos des Bayern als lustige Figur, als ewiger Depp scheint nun einmal gesetzt. Man kann die Unausweichlichkeit dieser Rolle am besten im Film studieren, vor allem im Fernsehfilm, in den Vorabendserien. Dort spielt sich seit 1950 die gleiche Szene ab. Einen Bayern verschlägt es nach Kiel-Holtenau (nur mal so als Platzhalter, es könnte auch Zwickau-Hüttelsgrün sein), er betritt eine Bäckerei und verlangt eine – Semmel.

»Grüß Gott, ich möcht' a Semme!«, sagt er. »Oder am besten glei zwoa«, fügt er grienend hinzu.

»Hä? Wat?«, fragt dann die Kieler Bäckereifachverkäuferin.

Und der Bayer steht dann da, rotbackig und im Strickjanker, und er weiß den hochdeutschen Ausdruck für die Semmel nicht. Er kratzt sich am Kopf. Er überlegt und überlegt, aber der Ausdruck fällt ihm einfach nicht ein.

»A Semme will i«, wiederholt er. Schließlich deutet er auf das hochsymbolische Nord-Süd-Gebäckstück.

»Aha. Ein Brötchen wollen Sie, guter Mann?«

»Ja, genau. Wissens, ich komm aus Viechtach. Das liegt zwischen Hetzelsdorf und Heitzenzell. Das werden Sie aber nicht kennen, Fräulein, oder?«

»Also, wollen Sie nun zwei Brötchen?«

Jetzt versteht der Viechtacher.

»Ja, genau.«

Und die Verkäuferin spricht vor:

»Zwei Bchröit-chien.«

Das chr richtig norddeutsch gerollt, eher geknurrt oder geschnarcht.

»Proead'ken«, spricht er nach, und alle anderen Kunden in der Bäckerei lachen. Die Kunden aus Ganderkesee, aus Fallingbostel. Aus dem Ennepe-kreis, aus Gera, Dresden oder Leipzig.

»Zemminn!«, äffen sie das Bayrische nach – und so vergehen viele spaßige Filmminuten am Vorabend. Von den fünfziger Jahren bis heute. Das ist vielleicht der Grund, warum man sich als Bayer außerhalb gar nicht mehr traut, Bairisch zu sprechen. Man spricht lieber gleich Englisch. Den entstehenden Akzent halten viele für Schottisch.

Hier also eine Auswahl einiger Unworte, reflexartiger Sprüche und Gemeinplätze, die man im Zusammenhang mit Bayern immer wieder hört.

»Weißwurstäquator«

Es gibt kaum einen Zeitungsartikel, in dem es um Bayern geht und in dem dieser Begriff nicht vorkommt. Dabei ist er politisch zutiefst unkorrekt, fasst er doch alle bayrischen Volksstämme grob fahrlässig zusammen. Die Franken zum Beispiel wollen nicht verweißwurstet werden. Sie haben ihre eigenen regionaltypischen Würste, auf die sie sehr stolz sind, etwa die kleinen Nürnberger Brodwäschtla in der Semmel (›Drei im Weggla‹), die Original Hofer Rindfleischwurst, die Kulmbacher Bratwurst im Anisweckerl, die auf Kiefernzapfenfeuer gebratene Coburger Kümmelbratwurst, die Sauren Zipfel im Blausud, die *Beleidigte* (Leberwurstsorte), die Würzburger Winzerbratwurst … Wieso dann also Weißwurstäquator? Warum nicht Weggla-Egwaadoa?

»Laptop und Lederhose«

Geprägt wurde der Slogan von Roman Herzog, der nicht einmal ein CSU-Politiker war. Da schau her. Seitdem wird der Spruch bei jeder sich bietenden Gelegenheit wiederholt. Die L/L-Alliteration ist einprägsam, sicherlich. Aber sagt man in hessischen Zusammenhängen ›Handkäs und Hedgefonds‹? Beim Kieler, um bei ihm zu bleiben, ›S-protte, S-trommast und S-pinnaker‹?

»Da hocken die, die immer da hocken«

Diese Stammtischschildinschrift ist so abgegriffen wie unausrottbar. Wenn sich die Sonne in 12 Milliarden Jahren zu einem Roten Riesen verwandelt haben wird und einen Großteil des irdischen Himmels einnimmt, wenn die gesamte Erdkruste zu einem einzigen Lava-Ozean aufgeschmolzen ist, dann werden darin immer noch schwer entflammbare Zirbelholztafeln aus altbayrischen Wirtschaften treiben mit der Inschrift: »Da hocken die, die immer da hocken.«

»Weißwurstäquator«

Hatten wir das nicht schon?

»Mia san mia«

Die unvermeidlichste aller Floskeln. Man hat das Gefühl, dass ihn irgendeiner der bayrischen Kurfürsten oder Könige geprägt hat und dass sich alle Familien zwischen Spessart und Karwendel vor dem Zubettgehen an der Hand fassen und verschwörerisch genau diese drei geheimnisvollen Wörter murmeln: Mia san mia. Ich lebe jetzt zweiundsechzig Jahre im Freistaat und kann mich nicht erinnern, diesen Spruch im alltäglichen Gespräch jemals gehört zu haben.

»Dullijöh«

Ersatzweise »Drei-dullijö« und »Holla-dri-ö«, auch schon mal »Je-di-e-di-blä« (im schönen Lied vom

Berliner Jemsenjäger). Es ist das Emoticon in Texten über Bayern schlechthin. Michael Ende brachte es im Lummerlandlied auf den Punkt:

> »Eine Insel mit zwei Bergen
> Und dem Fotoatelier
> In dem letzten macht man Bilder
> Auf den ersten Dullijöh.«

Das Dulli-öh! wird gerne in Zeitungsartikel eingestreut, wenn der FCB gewinnt, man hat es auch schon in der englischen ›Sun‹ gelesen: »Dulli-öh! The Germans are coming.« Der ›Spiegel‹ titelte: »Mit Huljodürü auf den Karrieregipfel«. Erst jüngst wurde eine neue App ›Jodel‹ genannt, sie ist gedacht für den studentischen Trash-Talk, digitale Klossprüche, womit wir wieder in einer unteren Schublade angelangt sind.

»Oachkatzlschwoaf«

Kommt eigentlich aus dem österreichischen Sprachraum. Die übliche Sprechübung, Standardfrage bei Bairisch-Tests. Eine Variante davon ist: Dräbonse (= Die Rehe baden sich).

»München leuchtet«

In Thomas Manns Novelle *Gladius Dei* war es noch ironisch gemeint:

»Die Kunst blüht, die Kunst ist an der Herrschaft, die Kunst streckt ihr rosenumwundenes Zepter über die Stadt hin und lächelt. Eine allseitige respektvolle Anteilnahme an ihrem Gedeihen, eine allseitige, fleißige und hingebungsvolle Übung und Propaganda in ihrem Dienste, ein treuherziger Kultus der Linie, des Schmuckes, der Form, der Sinne, der Schönheit obwaltet ... München leuchtete.«

Schon wieder ist ein -e- weggefallen, beim Slogan, und die ganze Ironie ist sowieso beim Teufel. Aus einer spöttischen Betrachtung der kunstgewerblerischen Prunkprotzstadt München ist Fremdenverkehrs- und Leuchtmittelreklame geworden. Von der Weltliteratur zum Marketing-Claim.

»Weißwurstäquator«

Ach ja, das hatten wir ja wirklich schon. Man wird ganz blöd im Kopf bei diesen Auflistungen. Aber bleiben wir mal bei den 载's, den weichen Länglichkeiten des Morgens, wie sie im Chinesischen so überaus treffend genannt werden.

Die Weißwurst

Oh marmorschimmerndes Gebild du dort am Tisch!
Ein halbes Dutzend hab ich schon verspeist von
    Deinesgleichen.
Mein Innres gleicht dem wilden Meere nun bei
    rauem Wind
und ich dem kleinen schwanken Schiff darauf.
Auch gabs Gebäck dazu, so sonderbar geformt,
wie ichs noch nie gesehn in Mountaindaddle:
Verschlungen war der Teig und rötlich schimmernd,
und auf der Kruste prangte bloßes Salz.
Dazu reicht mir die Dienerin 'ne Paste
in einem Schälchen wohlgeformt,
worauf geschrieben ›Händlmaier‹ stand.
Giftmischer wohl aus deutschen Landen.
Ich leerte es in einem Zug –
»Oh wär ich nie geboren!«, dacht ich da.

William Shakespeare, King Sausage III.[2]

Bei dem ziemlich ausgelutschten Thema Weißwurst
kann es ja eigentlich nicht um den Geschmack gehen,
sondern vielmehr um die Mythen drumherum. Die

---

2 *Nach einem verschollenen Manuskript, einer verderbten Quarto-Ausgabe. An dieser Stelle wäre zu erörtern, ob William Shakespeare nicht doch Bayer war.*

Eckpunkte der Zeremonie sind bekannter als die Abfolge der katholischen Messe. Jeder Erdnussfarmer in Plains/Georgia weiß, dass Weißwürste das *Zwölfuhrläuten nicht hören dürfen*. Jeder buddhistische Wandermönch winkt gelangweilt ab: Weißwürste müssen *ausgezutzelt* werden. Damit nicht genug. *Brezen* dürfen auf keinen Fall fehlen. Auch *Weißbier* nicht. Und man tunkt die Würste in *süßen Senf*, in nichts anderes. Man bestellt immer zwei *Stück*, nicht ein Paar. Und es muss die Geschichte vom *Moser Sepp* erzählt werden, der sie zufällig erfunden hat, natürlich in München.

Nur so viel: vergessen Sies! Man kann Weißwürste auch nach zwölf Uhr essen. Diese Vorschrift stammt aus einer Zeit ohne Kühlschränke. Das Auszutzeln hat ebenfalls einen historischen Hintergrund. Früher war die handgemischte Brätmasse nicht so homogen, es bildeten sich beim Kochen Blasen, und beim Anschneiden der Würste spritzte es mitunter gewaltig. (Standardspruch bei solchen Treffern: »Des san Würscht, Herr Nachbar!«) Deshalb hat man sie ›ausgetrunken‹. Auch Weißbier muss nicht unbedingt sein. Zitronen-Tee zum Beispiel passt hervorragend und korrespondiert mit der Zitronensäure in der Weißwurst. Statt einer industriell angefertigten Breze schmeckt auch ein Ranken Brot, ein knuspriges ›Scherzl‹, wegen der Weich-hart-Opposition, die es bei jeder guten Speise braucht. Und wie ist es mit dem süßen Senf? Den hat ein gewisser Johann Conrad Develey (* 1822 in Lindau, † 1886 in München), Königlich Bayerischer Hoflieferant, erfunden – und nicht etwa der Regensburger Metzgermeister Karl Händlmaier oder dessen Gattin Johanna. Wie auch immer, muss süßer Senf unbedingt dabei sein? Nein, denn wie heißt es im Volksmund: Eine gute Wurst braucht keinen Senf. Also braucht die angebliche Königin der Würste erst recht keinen Senf.

> »Es existieren Menschen, die zur Weißwurst Senf, manche, die viel Senf nehmen. – Das sind Unwissende. – Ich esse sie mit Salz!«
> Leo Slezak (populärer Wagner-Tenor und Wahl-Tegernseer)

Alles hat also plausible Gründe. Der Umstand aber, dass Weißwürste nur *stückweise* bestellt, serviert, gegessen und bezahlt werden, nie, nie!, nie!!! jedoch paarweise, ist unerklärlich. Deswegen handelt es sich bei dieser gastro-liturgischen Vorschrift um einen echten Mythos, der von keinem historischen Wadlbeißer angezweifelt werden kann. Nur das absolut Unbegründbare kann Dogma werden. Nur das völlig Neblige kann als gesichert gelten. Wenn Sie also in einem Restaurant Weißwürste gebraten, flambiert, paniert, gegrillt bekommen – kein Problem. Wenn Ihnen Steakmesser dazu gereicht werden oder

Strohhalme, seis drum. Wenn Curryweißwürste mit Fritten und Ketchup auf dem Tisch stehen oder eine französische Zwiebelweißwurstsuppe, genießen Sies. Wenn die Bedienung aber von einem *Paar* Weißwürste redet, verlassen Sie fluchtartig das Restaurant. Lassen Sie sich so etwas nicht gefallen. Das ist nicht bayrisch. Meiden Sie künftig auch den Ort. Oder am besten gleich die ganze Gegend.

Fahren Sie stattdessen lieber nach Enzelhausen, dort gibt es einen Weißwurstwirt, der immer nur am Freitag zwischen 8 und 14 Uhr geöffnet hat. Wo Enzelhausen liegt? Ganz einfach: in Rudelzhausen. Und Rudelzhausen hat 50 Ortsteile, nämlich Agstall, Aich, Aign, Berg, Bergham, Bergmühle, Birnfeld, Enzelhausen, Furth, Furthmühle, Giebitz, Grafendorf, Grub, Grünberg, Hagmühle, Hebrontshausen, Hemersdorf, Iglsdorf, Kirchdorf, Kleinbirnfeld, Kohlmühle, Kreuth, Kronthal, Lohschneider, Maierhof, Moosbach, Moosmühle, Neubauer, Niederhinzing, Niederreith, Notzenhausen, Oberhinzing, Oberreith, Peterloh, Pimmerdorf, Pittersdorf, Pumpernudl, Ried, Rudelzhausen, Schlag, Schwaiba, Stolzhof, Straßhäusl, Straßlehen, Tegernbach, Traich, Unterau, Weiher, Weingarten und Winklmann. Also nicht verfahren!

Fußgängerzonen in kleinen bayrischen Städten

Viele Bayern-Besucher werden zögern, in das Asam-kircherl oder in die Gnadenkapelle zu gehen, um die bayrische Seele zu ergründen, weil ihnen vor der Kirchentür plötzlich einfällt, dass sie gar nicht religiös sind. Sie haben deshalb Angst, verlacht zu werden von ihren gottlosen Freunden. Diese atheistischen Reisenden sollten sich aber trotzdem der bayrischen Seele nähern können, ohne in Gewissenskonflikte zu geraten. Der Heimatpfleger meines Vertrauens rät in solchen Fällen zum Besuch der Fußgängerzone einer typischen bayrischen Kleinstadt. Es kann Straubing sein, Pfaffenhofen, Pfarrkirchen, Kaufbeuren, Weiden, Schwabach – wenn ich diese Städte unter 50 000 Einwohner einmal in einen Topf werfen darf. Ihre kopfsteingepflasterten Stadtplätze und Marktstraßen (heute meistens Fußgängerzonen) sind sich untereinander frappierend ähnlich, und das ist durchaus nicht abwertend gemeint. Den ersten Gang durch eine solche Fußgängerzone sollte man ohne Fremdenführer unternehmen, quasi als planloser ›Backpacker‹, ganz spontan, ohne große Theorie.

• Zuerst kommt man oft durch einen alten Torbogen, manchmal sind die dazugehörigen Stadtmauern sogar noch erhalten. Die Inschriften verkünden es, man spürt es aber auch: Genau durch diesen Torbogen sind vor fast vierhundert Jahren Gustav Adolfs Schweden einmarschiert, wenn nicht, dann eben später Napoleons Grande Armée oder Graf Radetzkys österreichische Husaren. Bayern wurde in regelmäßigen Abständen von fremden Heeren überrannt, die bayrische Militärgeschichte ist keine ruhmreiche Aneinanderreihung großer Eroberungen und raumgreifender Schlachten. Es wimmelt von unvorteilhaften Allianzen, unglücklichen Niederlagen, unzuverlässigen Verbündeten und unfähigen Offizieren. Beim Russland-Feldzug Napoleons waren über 30 000 bayrische Soldaten dabei, ganz sicher waren auch einige Söhne dieser Kleinstadt darunter. Nur ein Zehntel von ihnen ist wieder heimgekehrt. Hat das Einfluss auf die bayrische Mentalität gehabt? Oder ist es umgekehrt? Ist der Bayer kein geborener Soldat?

· Weiter in der Fußgängerzone. Hat man das Stadttor durchschritten, dann erblickt man bald eine alteingesessene Wirtschaft, die wie eine Kathedrale in der Fußgängerzone thront. Die Wirtschaft heißt so ähnlich wie *Spatzl*, *Post*, *Lamm* oder *Hirsch*, wenn man hineingeht, krautelt und schmalzelt es von allen Seiten. Dunkles, getäfeltes Eichenholz, abgelaufener Dielenfußboden. An einem Tisch wird geschafkopft. An einem anderen Tisch vernimmt man den vollkommen unverständlichen Dialekt, der in Straubing, Pfaffenhofen, Pfarrkirchen, Kaufbeuren, Weiden oder Schwabach eben gesprochen wird. Es klingt wie lateinisch. Man scheint sich im 19. Jahrhundert, wenn nicht gar im Mittelalter zu befinden. Die Weißwürste, der Schweinsbraten, die Knödel sind ohne Fehl und Tadel. Hier kocht nicht der Convenience-Beppi, hier wird die Speisekarte täglich neu geschrieben und auf riesigen Steinguttellern materialisiert. Ist man überhaupt in einer Wirtschaft? Und nicht schon wieder in einer Kirche?

- Ein paar Meter weiter in der Fußgängerzone kommt eine Filiale einer deutschlandweit agierenden Großbäckerei, die eine kleine, ortsansässige Familienbäckerei geschluckt hat. Aber Wehmut ist hier fehl am Platz. Man sollte handeln, anstatt nur Trübsal zu blasen! Ich gehe hinein und frage, wo denn diese süße, kleine Bäckerei geblieben ist. »Da waren die Semmeln immer frisch!« Das wirkt. Ich bekomme Hausverbot.
- Wo ist die Familie der ehemaligen kleinen Familienbäckerei hingekommen? Sitzt sie auf der Straße und bettelt? Nein, sie hat ein paar Meter weiter einen alternativen Teeladen aufgemacht, ein Pilates-Studio oder ein Schoko-Stübchen.
- Dann kommt das italienische Eisdielenpizzeriarestaurant. Meistens heißt es Venezia. Der Kellner

stammt von dort, sein italienischer Akzent hat einen interessanten Straubinger, Pfaffenhofener, Pfarrkirchner, Kaufbeurer, Weidener oder Schwabacher Sub-Akzent. So haben wahrscheinlich auch die mittelalterlichen Gewürzhandelsleute gesprochen, die zwischen Venedig und Bayern hin- und hergereist sind. Dieser bayrisch-italienische Kellner hat die Außensicht auf Bayern, die oft genauer und scharfsichtiger ist als die eingeborene Innensicht. Man sollte ihn direkt nach dem bayrischen Wesen fragen.

- Meist genau in der Mitte der Fußgängerzone ragt ein Brunnen auf, in vielen Fällen einer mit einem bayrischen Löwen. Man wirft Münzen ins Wasser oder tätschelt das steinerne Gesäß des Wappentiers. Beides soll Glück bringen.

Und dann stößt man garantiert auf den Grantler. Er sitzt in der Wirtschaft und seufzt. Oder er ist die Bedienung in der Wirtschaft und blickt augenrollend auf den seufzenden Gast.

Über das Granteln

Das Granteln ist eine temporär auftauchende Befindlichkeit, die es in dieser Form nur in Bayern gibt. Denn ins original bayrische Granteln gerät der Grantler ohne jeglichen äußeren Anlass, und genau das macht es so einzigartig. Das Granteln wird auch oft als ›bayrischer Blues‹ bezeichnet. Doch beim Blues gibt es immer viele gute (beziehungsweise üble) Gründe für den schrillen Aufschrei: die leere Flasche Whisky, die aufgebrochene Portokasse, der wartende Galgen – der Bayer braucht dies alles nicht. Ganz im Gegenteil. Er grantelt bei hellem Sonnenschein, bei besten Voraussetzungen. Bei Regenwetter oder anderen dunklen Tagen hat er gar keinen Gusto zum Granteln. Nach einer Beerdigung, beim traditionellen ›Leichenschmaus‹, da gehts nämlich oft lustig zu, die Musi spielt auf, und die Lieblingslieder des Verstorbenen werden gesungen.

Der Grant, der einem in bayrischen Wirtshäusern und Ämtern, in den Kaufhäusern und Straßen entgegenschlägt, das ist eine Mahnung an die Vergänglichkeit der Welt. Dazu braucht es nicht einmal den Föhn. Es ist pure nihilistische Melancholie, die Erkenntnis, dass nichts hinter all dem steckt, was *itzund prächtig blüht.* Der Journalist Thomas Grasberger hat ein wichtiges und gutes Buch über das Granteln geschrieben. Aber auch er neigt manchmal dazu, nach handfesten Gründen zu suchen. Die gibt es nicht. Das Granteln ist ein stiller und gewaltloser Protest gegen den Zwang zum Tag-und-Nacht-gut-drauf-Sein. Insofern ist es aktueller denn je. Der ›Mundwinkelherabzieher‹ (Musculus depressor anguli oris) ist der Muskel, der für den grantigen Gesichtsausdruck verantwortlich ist. Er ist vom lieben Gott (oder von wem auch immer) nicht umsonst geschaffen worden, das mimische Ausklinken aus dem Tralala des Lebens hat genauso seinen Sinn wie das strahlende Lächeln, das irgendwann einmal lächerlich wird, wenn es nicht pausieren kann. Wie heißt es schon in Prediger, 3, 1–4:

> »Ein jegliches hat seine Zeit: weinen hat seine Zeit, lachen hat seine Zeit; klagen hat seine Zeit, tanzen hat seine Zeit.«

Oder, politisch korrekt (Sure 53, 43–44 aus dem Koran):

> »Und dass Er es ist, Der zum Lachen und zum Weinen bringt,
> Und dass Er es ist, Der sterben lässt und lebendig macht.«

Und, um die politische Korrektheit mit einem Spruch von Buddha abzurunden:

> »Wie kann man lachen, lustig froh,
> da alles Sein in Flammen steht?«

Der Grantler hat den Grundpessimismus mit dem Philosophen Arthur Schopenhauer gemein, der jegliches Glück als grob zusammengeschusterte Täuschung entlarvt. Deshalb liegt im Granteln eine Prise Erkenntnis. Franz Kafka (schon wieder ein Böhme!) hat ebenfalls in diese Richtung gearbeitet, seine absurden Geschichten handeln allesamt von der Aussichtslosigkeit jeglicher menschlichen Bemühung. Karl Valentin ist das Paradebeispiel für einen Grantler, Ludwig I. war depressiv, und die klassischen bayrischen Bedienungen (sofern es sie noch gibt und sie nicht einen von der Restaurantleitung angeordneten Grinsekurs belegen mussten) schmeißen dir den Teller Schweinsbraten mit fast religiöser Verachtung auf den Tisch.

Und auch ich, der ich dies hier momentan niederschreibe, habe dazu ausgerechnet einen sonnigen Spätsommertag erwischt. Das Wettersteingebirge draußen glänzt wie Silberpapier, die Luft riecht nach Champagner, Schmetterlinge tanzen über den Apfelbäumen. Der Mondkalender rät dazu, heute optimistische Pläne für die Zukunft zu fassen. Die Weisheit des Tages lautet: *Die Kraft der Liebe endet nie.* Eine flockige Wolke verschiebt sich und gibt den Blick auf das herrlichste Azur frei, das ich seit langem gesehen habe. Mit einem Wort: heute ist ein guter Tag zum Granteln. Völlig grundlos. Zefix.

Being a Bayer

Die meisten Bayernführer, Bayernerklärer und Becoming-a-Bayer-in-7-steps-Seiten im Internet geben krass konkrete Tipps, wie man sich dem bayrischen Wesen annähert, wie man also ganz schnell ein kleiner Bayer wird. Meistens werden einem grob gewirkte (›wurcherne‹) Sprüche hingeworfen, dazu einige Ausspracheregeln. Das alles ist rührig und löblich, aber das macht Sie noch lange nicht zum Bayern. Die Musik des bayrischen Dialekts ist nicht so einfach zu erlernen. Das ist natürlich mit allen Dialekten so. In Kiel-Holtenau wird man auch wenig begeistert sein, wenn jemand aus Süddeutschland versucht, den typischen Hafenslang der Eekbrook nachzuahmen. Und warum eigentlich überhaupt Bayrisch lernen? Wenn Sie beispielsweise vorhaben, nach München zu fahren oder umzuziehen, dann werden Sie schnell sehen, dass dort der bayrische

Dialekt weitgehend ausgestorben ist. Sie setzen sich in den Englischen Garten, haben *Oachkatzlschwoaf* perfekt drauf, vielleicht auch noch *Dräbonse* – doch der Mann, der neben Ihnen auf der Bierbank sitzt und in München-Ramersdorf geboren wurde, spricht hochdeutscher als Sie. Er wiederum meint, Sie kämen aus Stuttgart oder Chicago.

Nein, den Dialekt zu lernen, eine Lederhose zu tragen, die Bräuche oder gar die Geschichte draufzuhaben scheint mir für eine angepeilte Bayernwerdung nicht zielführend zu sein. Es kommt auf die Denkweise an. Und die bayrische Denkweise unterscheidet sich tatsächlich von der in der übrigen Republik. Willy Brandt hat den Spruch geprägt, dass in Bayern die Uhren anders gehen. (Er wollte damit nebenbei gesagt nur die Zustände der Münchner SPD in den siebziger Jahren kommentieren.) Sein Kontrahent Franz Josef Strauß hat das Bonmot aufgegriffen:

> »Wenn in Bayern die Uhren wirklich anders gehen, dann haben wir, soweit die Politik es vermag, diesen Beitrag zur geistigen Führung unseres Landes geleistet, damit in Bayern die Uhren richtig gehen und nicht nach Zeitgeist jeweils verschieden eingestellt werden.«

Auf einem Turm des Münchner Isartors ist solch eine Uhr angebracht. Und eines der beliebtesten Mitbringsel aus Bayern ist eine Uhr, die verkehrt herum läuft. Man kann das Andersgehen und Rückwärtslaufen also durchaus wörtlich nehmen.

Der Augsburger Roland Wegner hat es noch wörtlicher genommen. Er ist Weltrekordhalter im Retrorunning (100 Meter in 13,6 Sekunden), und er will das zur Trendsportart machen. In seinem Buch *Retrorunning: Rückwärts zu neuen Zielen* nennt er viele gesundheitliche Vorteile gegenüber dem normalen Gang. Auch taktisch hätte man mehr davon: Man sähe, welcher von den Konkurrenten langsamer ist, man könne dadurch im richtigen Augenblick zum Endspurt ansetzen. Auch als Bergsteiger gäbe es Pluspunkte: Man hätte den ganzen Aufstieg über den schönen, sich stetig verbessernden Blick ins Tal. Also auf gehts – fangen Sie noch heute damit an! Mit dem rückwärtsgewandten Gehen im übertragenen wie im wörtlichen Sinn. Sie werden eine kleine Ahnung von der Welt- und Weitsicht der Bewohner des Freistaats bekommen. Und mit jedem Schritt zurück werden Sie mehr zum Bayern werden. In Bayern muss man nicht sehen, wo man hingeht. Man muss nur sehen, wo man schon war.

Fein sein, beinander bleiben – Erotik in Bayern

Eine Kehrtwende um 180 Grad macht man normalerweise nur, wenn man das Haus verlassen hat und feststellt, dass man sein Smartphone vergessen hat. Eine ähnliche Kehrtwende ist nötig, um vom Retrorunning auf das Thema Erotik zu kommen. Also dann. In meiner Zeit als Deutschlehrer am Münchner Wilhelmsgymnasium konnte ich einen flüchtigen Blick auf einen Zettel erhaschen, der von den Schülern einer 7. Klasse von Bank zu Bank gereicht wurde. Sein Inhalt wirft ein bezeichnendes Licht auf die sprachlichen Möglichkeiten jugendlicher und dann auch noch bayrischer Verbalerotik. Heutzutage läuft das Ganze in der Schule mit anderen Medien, doch Anfang der achtziger Jahre stand es eben auf einem Zettel geschrieben:

Willst du mit mir gehen? (Bitte ankreuzen)
○ Ja
○ Nein
○ Vielleicht

Das war normal, man achtete als Lehrer gar nicht mehr darauf. In einer bestimmten Stunde jedoch (Thema: ›Das schwache und das starke Verb‹) unterbrach ich den Unterricht kurz, um das Fenster zu öffnen. Als ich mich wieder umdrehte, fiel mein Blick auf einen auffälligen ›Liebesbrief‹. Diese scheue Anfrage war nämlich in bayrischem Dialekt verfasst. Das fand ich deshalb verwunderlich, weil ich doch am humanistischen Wilhelmsgymnasium eher eine lateinische oder altgriechische Verschlüsselung erwartet hätte. Der Zettel aber lautete so:

Wia waars mit uns?
(Kreizl o, wiasta du dir des denkst)
O Freili!
O Woass mas?
O Was fallt dir denn ei!? Schaug, dass dich schleichst, damischer Depp, damischer! Du ganz hundshäuterner Falott, du greisliger. Ausgschaamter Lump!

Ich habe mir meinen Teil gedacht, die Sache selbstredend nicht weiterverfolgt, eine Störung des Unterrichts im engeren Sinn lag ja nicht vor. Die Adressatin hat den letzten Punkt lustvoll angekreuzt, noch ein paar derbe und durchaus ehrenrührige Kraftausdrücke ergänzt, den Zettel dann zerknüllt und zurückgeworfen.

Jahre später, Jahrzehnte später traf ich genau diese beiden ehemaligen Schüler wieder, sie hatten inzwischen geheiratet und schienen außerordentlich glücklich zu sein. Sie sind das am längsten verheiratete Paar, das ich kenne. Mit saftigen, vor Lebenslust strotzenden Bezeichnungen (die man im Deutschunterricht gar nicht vermitteln kann) begann also eine große Leidenschaft. Und das kam wahrscheinlich so:

Im bayrischen Liebeshimmel. Auf einer rosaroten Wolke sitzen: der Lehrling Amor mit Pfeil und Bogen sowie sein Ausbilder.

»Aufpassen! Genau ins Herz zielen!«
Amor schießt. Auf der Wolke nebenan singt der Bibergbacher Dreigesang leitmotivisch das gefühlvolle Volkslied ♫ ›Fein sein, beinander bleiben‹. Amor lässt den Pfeil sinken.

»Auwehzwick, daneben!«
»Gleich nochmals.«
»Wie wärs mit dem Buckligen da?«
»Das ist kein Buckliger, sondern ein Bergsteiger mit einem Rucksack.«
»Den pack ich!«
»Was tut denn der allein auf dem Berg droben, mit einem Pfeil im Herzen? Das müssen immer zwei sein. Ein Paar nennt man das. Am besten schießt du in eine Gruppe hinein, dann triffst schon einen. Da, wie wärs mit dem Klassenzimmer? Da hat grad ein Lehrer das Fenster aufgemacht.«

Amor spannt den Bogen. Auf der Wolke nebenan er-klingt abermals ♫ ›Fein sein, beinander bleiben‹. Amor jubelt.

»Mein erster Treffer! Amor, der unübertreffliche Meisterschütze, hat mit sicherer Hand –«

»Sichere Hand? Ich weiß nicht so recht.«

Amor deutet in die andere Richtung.

»Wer sind denn die da drüben?«

»Das sind die Schweizer. Die haben ihren eigenen Amor.«

»Aber was hat denn der für einen komischen Pfeil und Bogen?«

»Das ist eine Armbrust.«

»Und da, auf der anderen Seite? Was sind das für welche?«

»Das sind die Österreicher.«

»Und mit was schießen die?«

»Die schießen gar nicht. Die werfen mit Wiener Schnitzel.«

Auf der österreichischen Wolke spielt die Schrammel-musik:

♫ *»Es wird a Wein sein,*
und wir wern nimmer sein,
D'rum gniaß ma's Leb'n so lang's uns g'freut.
's wird schöne Maderln geb'n,
und wir wern nimmer leb'n,
D'rum greif ma zua, g'rad is's no Zeit. – Hal-lo!«

Das Nachbarland Österreich

Der Unterschied zwischen Bayern und Österreich ist ein gewaltiger, das sei allen Auswärtigen an dieser Stelle gesagt. Dabei sind Dialekt, Mentalität und Landschaft gerade für den Norddeutschen eine einzige Soße. ›*Fein sein, beinander bleiben*‹ und ›*Es wird a Wein sein*‹ – Für ihn wird in beiden Ländern gejodelt, getrachtelt und geplattelt. Das mag sogar sein, es gibt aber in ganz Europa keine zwei Länder, die unterschiedlicher wären. Die erste Auffälligkeit ist schon einmal die, dass es Österreich zu einem souveränen Staat, dem bekannten kotelettförmigen Landesgebilde, gebracht hat, Bayern jedoch nicht. Aber ist denn so ein unabhängiger Nationalstaat heutzutage überhaupt noch von Vorteil? Im Lauf seiner Geschichte war Bayern immer wieder einmal ein selbständiges Land, der Zustand hat sich aus den verschiedensten Gründen nie lange gehalten. Momentan sieht es so aus, als würde daraus endgültig nichts mehr werden. Aber ein gewisser dunkler Drang in Richtung solitärer Existenz ist immer noch spürbar: Es gibt eine Bayernpartei und den Geheimbund der Guglmänner, die sich als wahre Hüter der Monarchie verstehen.

Österreich wiederum war lange ein Vielvölkerstaat, in dem außer Deutsch auch Ungarisch, Italienisch, Tschechisch, Polnisch, Ukrainisch, Rumänisch, Kroatisch, Serbisch, Slowakisch und Slowenisch gesprochen wurde. So viel babylonisches Durcheinander hat es in Bayern bis zur Mitte des 20. Jahrhunderts nie gegeben. Nach dem Zweiten Weltkrieg aber kamen die sudetendeutschen Flüchtlinge, die man oft als den ›achten Volksstamm Bayerns‹ bezeichnet hat. Derzeit sind von den 12,52 Millionen Bayern 1,08 Millionen Ausländer, den größten Anteil bilden 224 588 Türken (So steht es geschrieben in einem Buch des Statistischen Landesamts. Wer zählt das nur immer so genau?). Das sind nicht einmal 2 % der Bevölkerung, aber darunter finden sich oft die glühendsten Lokalpatrioten.

Die bekannteste militärische Auseinandersetzung zwischen Bayern und Österreich ist über 700 Jahre her. Die Schlacht bei Gammelsdorf in Oberbayern fand am Morgen des 9. November 1313 statt, sie wurde nach wenigen Stunden zugunsten Bayerns entschieden. Die bayrischen Geschichtsbücher sind also voll davon. Man weiß allerdings nicht einmal genau, ob wirklich gekämpft wurde. Der Wittelsbacher Herzog Ludwig IV. (der spätere deutsche Kaiser Ludwig der Bayer) hatte den Herzog von Österreich, den Habsburger Friedrich den Schönen, herausgefordert. Es ging zwischen den beiden Cousins um die Vorherrschaft im Herzogtum Bayern. Es war eine der letzten Ritterschlachten der Geschichte: ohne Schusswaffen, nur mit Schwertern, in voller Rüstung, und ohne die Zivilbevölkerung in Mitleidenschaft zu ziehen. Die Kombattanten waren ausnahmslos Adelige und Ritter, also eigentlich nur die Politiker, die den Konflikt angezettelt hatten. Gute alte Zeit? In diesem Fall schon.

Die gemeinsame Grenze (die längste deutsche Grenze zu einem Nachbarland) misst momentan 815 Kilometer, viel davon ist pures Gebirge, also gar keine von Menschenhand gezogene Linie, sondern von der Natur vorgegebener Schnitt nach dem Motto: Hier wollen wir eine neue Gemarkung beginnen, lasst sie uns bestücken mit seltenen Tierarten und einem unvergleichlichen Menschenschlag! Trotzdem hat sich die Grenze im Lauf der Geschichte oft verschoben, zwischen 1938 und 1945 wurde sie ganz abgeschafft. Doch schon vorher stand Österreich über lange Zeiten hinweg unter bayrischem Einfluss, noch heute wird die österreichische Sprache von Linguisten als ›südbairisch‹ bezeichnet. Stört das die Österreicher? Nein, durchaus nicht. Sie sind allesamt stolz auf ihren melodiösen, näselnden Dialekt, angefangen vom Geheimrat bis hin zum Schiffschaukelbremser. In Bayern verhält es sich anders. Der Herr Ministerialdirektor und die Frau Key-Account-Managerin bemühen sich hochdeutsch zu sprechen, das richtige Bairisch überlassen sie den Schiffschaukelbremsern. Der Herr MD und die Frau KAM verwenden nämlich den Imperfekt. Und den Konjunktiv II. Und sie sagen nicht *nei*, *deia*, *Deifi* und *Greiz*, sondern *neu*, *teuer*, *Teufel* und *Kreuz*. (Sie sagen natürlich new, expensive, devil und cross.) Diese soziologische Schieflage könnte der Grund sein, warum der bayrische Dialekt in Bayern rapide an Boden verliert, vielleicht sogar irgendwann einmal ganz verschwindet. Da helfen keine Lehrplanänderungen und VHS-Kurse. Da hilft kein Ludwig Zehetner, seines Zeichens emsiger Dialektologe und unermüdlicher Restaurator in Sachen echt boarischer Sprach'. Der Dialektsprecher wird nämlich immer als Depp gesehen. Das kann man in jedem Bauerntheater studieren. Österreich hat damit keine Probleme. Die Geistesriesen des Landes (Schubert, Haydn, Johann Strauss, Nestroy, Hofmannsthal, Schnitzler, Stefan Zweig, Freud, Thomas Bernhard, Ludwig Wittgenstein, Klimt, Hundertwasser, Arnold Schönberg, Freddy Quinn (!), Elfriede Jelinek … und und und) haben allertiefstes Österreichisch gesprochen – aber hearst!

Weil nun aber Österreich nicht etwa der größere oder kleinere Bruder von Bayern ist, sondern weil hier zwei entfernte Cousins in der Mitte Europas auf engem Raum zusammengebatzt sind, lassen sich die beiden Völker weitgehend in Ruhe. Vor 200 Jahren sind Tiroler und Bayern noch blutig aneinandergeraten, beim Tiroler Volksaufstand 1809. Inzwischen witzeln sie sich nur an: »Kennst den schon? Sitzen ein Preuße, ein Österreicher und ein Bayer in der U-Bahn …« Und je nachdem, wo er erzählt wird, der uralte Witz, der wahrscheinlich wieder ein Schnitzel als Pointe hat, steht der Österreicher oder der Bayer gut da. (Der Preuße steht nie gut da.) Ansonsten ist die Konkurrenz ziemlich eingeschlafen. Wenn man bedenkt, dass die österreichische k.u.k. Monarchie lange Zeit eine militärisch straff organisierte und gefürchtete Großmacht in Europa war, Bayern hingegen nie, dann fragt man sich schon: Ist diese zwergenhafte Existenz bayrischerseits gewollt und das Ergebnis von klugem Herrscherkalkül? Oder spiegelt sie die friedliebende Seelenlage der Bewohner wider? Die politische Einfluss- und Machtlosigkeit Bayerns, die bis heute fortwirkt, wird jedenfalls von den meisten Einwohnern klaglos hingenommen. Keine Randale wie in Katalonien, kein Referendum wie in Schottland.

Und wenn es dereinst in einem vereinten Europa keine Grenzen mehr gibt, keine Nationalstaaten und keine Volksgruppen, wenn Europa als vorbildliche Idealmischung dasteht in der Welt, dann sollte diese natürliche Grenze zwischen Bayern und Österreich wieder aufgezogen werden, als alpine Mahnung daran, dass es in der Natur nun einmal Grenzen gibt. Und aus historischen Gründen sollte man auch noch einige Tiroler Zöllner hinter die Schlagbäume stellen, die mit ihren gutturalen Knacklauten nach zu verzollenden Zickarettn, elecktronischen Ckeräten und alckoholischen Geträncken fragen. Woll woll.

Das Echo, nicht nur vom Königssee

Fährt man durch oberbayrische Dörfer, bleibt der Blick unweigerlich an den sogenannten Lüftlmalereien hängen. Ins Auge fallen meist fromme Motive, aber auch drall überzeichnete Bauernmadeln, die sich rotbackig-lockend aus dem Fenster lehnen, dazu jauchzende Burschen, die zu ihnen über eine knorrige Holzleiter hinaufklettern. Manchmal auch König Ludwig, den Blick träumerisch nach oben gerichtet, schon wieder einmal seine Staatsgeschäfte wegen irgendwelcher Luftschlösser vernachlässigend. Abgesehen von solchen figürlichen Darstellungen hat die Lüftlmalerei aber auch den profanen Zweck, die Fenster größer erscheinen zu lassen, die Türen prächtiger und die Dächer wuchtiger. Das gesamte

Anwesen soll auf diese Weise mehr hermachen. Bei den Lüftlmalereien handelt es sich um eine volkstümliche Variante des Trompe-l'Œil (frz. ›täusche das Auge‹). Das ist ein Kunststil, der nicht vorhandene Architekturelemente imitiert: Eingänge, Erker, Reliefs, Säulen, in Kirchen mitunter sogar ganze Deckenkuppeln. Das Pilatushaus in Oberammergau ist ein gutes Beispiel für diese Technik. Abgesehen davon, dass auch hier wieder die unbändige bayrische Lust am Kulissenhaften deutlich wird, zeigt die Lüftlmalerei noch etwas anderes: den bayrischen Hang zur Imitation.

Die Hauptstadt der Imitation ist auch in diesem Fall München. Dort wurde schon immer kopiert, nachgemacht und abgekupfert. Die Renaissance-Stadt ist deshalb auch die Hauptstadt der Wiederbelebung. Das ist zunächst sicher auf König Ludwig I. zurückzuführen, seine Südsehnsucht trieb ihn dazu an, München mit Gebäuden im Stil der florentinischen Renaissance zu überziehen. Die monumentale Ludwigstraße zwischen Universitätsplatz und Odeonsplatz sollte eine römische *Via triumphalis* darstellen – ohne rechte militärische Triumphe Bayerns. (»Werden schon noch kommen«, wird er sich gedacht haben.) Im Zuge der verkehrstechnischen Modernisierung hat Ludwig das Zentrum der Stadt zum Theatersaal eines italienischen Renaissancefürstentums gemacht.

Ist es ein Zufall, dass die Stadthymne Münchens ♪ *Solang der alte Peter …* von keinem Münchner komponiert wurde, was naheläge, sondern von dem Wiener Volkssänger Wilhelm Wiesberg? Mehr noch: Ein weiterer Wiener Volkssänger namens Carl Lorens schrieb den Text dazu, bei ihm hieß es: »Solang der alte Steffel am Stephansplatz noch steht«. Der Münchner Volkssänger Michl Huber wiederum dichtete den ›Steffel‹ (Stephansdom) zum ›Alten Peter‹ um.

Bei den Österreichern scheint dieser Hang zur Imitation nicht so ausgeprägt zu sein. Sie gelten, zumindest im kulturellen Bereich, eher als die Erfinder, Pioniere und Revolutionäre, die Bayern hingegen werden oft nur als wackere Traditionspfleger und Assimilanten gesehen. Der österreichische Komponist Arnold Schönberg erfand Anfang des 20. Jahrhunderts in Wien die Musik vollkommen neu, entstanden ist die richtungsweisende Zwölftonmusik. Der Münchner Richard Strauss grub zur selben Zeit die mausetote Romantik wieder aus und verpasste ihr eine moderate Wiederbelebung, die musikalische Spätromantik. Den Echo-Charakter Bayerns findet man jedoch nicht nur in der Hauptstadt. Das Schloss Versailles wurde an verschiedenen Stellen Bayerns nachgebaut, es findet sich wieder im Schloss Schleißheim, in der Würzburger Residenz und im Neuen

Schloss Herrenchiemsee – lauter prachtvolle Echos des Sonnenkönigsschlosses. Der Triumphbogen des Münchner Siegestors echot wiederum den Konstantinsbogen in Rom. Die Schönheitengalerie im südlichen Pavillon des Schlosses Nymphenburg (mit Lola Montez und Helene Sedlmayr) ist ebenfalls keine Erfindung Ludwigs I., diese Idee stammt aus Italien. Und in der Walhalla in Donaustauf bei Regensburg werden seit 1842 bedeutende Persönlichkeiten ›teutscher Zunge‹ mit Marmorbüsten und Gedenktafeln geehrt. Benannt ist sie nach Walhall, dem Ruheort der Gefallenen in der nordischen Mythologie. Wie: Odin und Freya, Geri und Freki mitten in der Oberpfalz? Heinrich Heine hat schon damals über den wuchtigen nordisch-teutschen Fremdkörper an der Donau gespottet. Im Jahre 2010 bekam der Düsseldorfer dann die Höchststrafe für seine Lästerzunge: Er wurde selbst in die marmorne Schädelstätte aufgenommen.

Schließlich muss in diesem Zusammenhang auch die Münchner Feldherrnhalle erwähnt werden. Sie ist der Loggia dei Lanzi in Florenz nachgebildet. Die beiden Generalfeldmarschälle Graf von Tilly und Fürst von Wrede sind hier verewigt. »Der eine war kein Bayer, und der andere kein Feldherr«, schreibt Lion Feuchtwanger in seinem Roman *Erfolg*, in Anspielung auf die Herkunft Tillys und die strategische

Begabung Wredes. Skurril ist, dass für den General-
leutnant Tilly noch bis zum Januar 2009 in der Stifts-
kirche von Altötting täglich um 7 Uhr eine Messe
gelesen wurde. Tilly hatte dafür 1632 einen Betrag
von 6300 Gulden gespendet. Ein fernes Echo aus der
Vergangenheit? Nach 380 Jahren wurde das Tilly-
Benefizium vom Passauer Bischof Wilhelm Schraml
abgeschafft, da das von Tilly gespendete Stiftungs-
vermögen trotz Zinserlösen längst aufgebraucht
sei. War das wirklich so? Damals besaß ein Gulden
die Kaufkraft von etwa 45 Euro. Aus den 6300 Gulden sind also (bei einem Zinssatz von 4 %) mit Zins
und Zinseszins 841 825 344 550,– Euro geworden.
Zieht man die Kosten für eine tägliche Messe ab (ein
Hunderter? zwei?), bleiben immer noch ein paar Tilly'sche Milliarden übrig. Das ist recht undurchdacht
von der katholischen Kirche. Bei solch einem Geld-
segen müsste doch eine bescheidene Frühmesse drin
sein.

Werfen wir noch einen Blick auf die Alpen, dieses
Megasymbol für das bayrische Wesen, das unschlag-
bare Sinnbild für die unschuldige Reinheit der bayrischen Natur und des ländlichen Denkens. Doch
auch schon die Alpen sind alles andere als bayrisch.
Sie kommen aus gänzlich unerwarteter Richtung:
Der afrikanische Kontinent hat sich vor 50 Millionen Jahren über die europäische Platte geschoben,

bei der Gelegenheit hat sich der Steinhaufen mit all seinen Mythen, Enzianen, Gemsen, Wilderern, Almhütten und Gipfelkreuzen gebildet. Der Landstrich zwischen Füssen und Bad Reichenhall ist sozusagen die nördlichste Spitze von Afrika.

Böhmische Einwohner, italienische Kunst, afrikanischer Boden: Da san mia dahoam.

Sakradi und dodici

Ein Land wie Bayern, das so zentral in Europa liegt, übernimmt und imitiert zwangsläufig auch sprachlich. Hier sind vor allem die Einflüsse Frankreichs und Italiens spürbar. Das vermaledeite Bündnis mit Napoleon (ein peinliches Kapitel in der bayrischen Geschichte) ist lange her, trotzdem hat sich so mancher französische Ausdruck ins Bayrische eingeschlichen. Zudem war Französisch die Sprache der Aristokratie, und die hat auch vor Bayern nicht haltgemacht. Der bekannteste Begriff ist in diesem Zusammenhang das Böfflamott, aber es gibt noch eine Reihe anderer Gallizismen: Schäsn, Lackl, Schofför, tratzen, malad, Paraplü, Schandarm, Falott, Sakradi! (sacre dieu), Potschamperl (pot de chambre),

Kanapee, Parasol, schinieren (im Sinne von stören), Apportl und vieles mehr. Grade bei den aus dem Französischen übernommenen Wörtern hat man den Eindruck, dass der Bayer hier absichtlich auf der Seele der Franzosen herumtrampelt, indem er die genäselten Wörter extra gscheat, derb und unfein ausspricht. Er sagt nicht Boeuf à la mode, sondern raunzt das Böfflamott hin, dass das boeuf wie Büffel und das mode wie matt klingt. Der matte Büffel könnte eine Anspielung darauf sein, dass das Böfflamott ein Niedergargericht ist, das den Ochsenbüffel bei kleiner Temperatur lange weich und matt kocht. Ist das die späte Rache an Napoleon?

Die italienischen Einflüsse wiederum haben keinen direkt kriegerischen Hintergrund, sie sind wohl das Ergebnis des jahrhundertelangen Handels, der durch Bayern geflossen ist und der manche Landstriche reich und mächtig gemacht hat. In dieser Zeit sind Azzurrismen entstanden wie Marenn (merenda: Brotzeit, Zwischenmahlzeit), Katzelmacher, Spogat, Gspusi, sekkieren, Tschinellen, Nockerl (Gnocchi), Maschkera, gaustern (guastare: hastig betreiben), Spompanadeln (stampagnata: Prahlerei) und so weiter.

Die gute Beziehung zu Italien hat sich in Bayern gehalten. Man fährt gerne dorthin. Garmisch-Partenkirchen, heißt es, hätte drei Ortsteile: Garmisch, Partenkirchen und den Gardasee. Umgekehrt gibt man sich in Bayern gerne italienisch, um Weltläufigkeit zu zeigen. Die Münchner Schickeria ist italophil. Axel Hacke, der Wahlbayer, hat in seiner SZ-Kolumne *Das Beste aus meinem Leben* eine typische Szene in München beschrieben, und sie kann eigentlich nur in Schwabing passiert sein. Eine Frau will in einer Bar ihre Getränke bezahlen, der Barmann nennt die Summe von elf Euro dreißig, die Frau erwidert generös:

>>Wissens was: Mach ma dodici.<<

Große bayrische Persönlichkeiten 2
Von Fu... bis ... Mor...

Jakob Fugger
* 1459 in Augsburg, † 1525 ebenda
Einer der ersten Italienurlauber. Kupferhändler, Banker, Lobbyist, Vatikanfinanzierer, Wallstreetvordenker. Sein Motto: >>Kauf dir einen Kaiser.<<

Ludwig Ganghofer
* 1855 in Kaufbeuren, † 1920 in Tegernsee
Schilderer von schweigenden Wäldern, Herrgottsschnitzer, pathetischer Kriegsberichterstatter im Ers-

ten Weltkrieg. Er bot eine breite Fläche für manche satirische Attacken. Der Österreicher Karl Kraus lässt ihn in ›Die letzten Tage der Menschheit‹ jodelnd auftreten:

> »Hollodriohdrioh,
> Jetzt bin ich an der Front,
> Hollodriohdrioh,
> Dös bin i schon gewohnt.«

Oskar Maria Graf

* 1894 in Berg am Starnberger See,
† 1967 in New York
Landeskundiger Autor und anarchistischer Lederhosenträger. Hat 1943 im New Yorker Exil einen populären Stammtisch gegründet. Seine Urne wurde nach München überführt und auf dem Prominentenfriedhof in Bogenhausen beigesetzt. (Ein Besuch dort ist ohnehin empfehlenswert, wegen Kästner, Sedlmayr, Fassbinder, Liesl Karlstadt, Eichinger, …)

Kaspar Hauser

* 1812?, † 1833 in Ansbach (Messerstich)
Wortkarger Findling unklarer Herkunft und unklaren Hinscheidens. War er überhaupt ein Bayer? Am 26. Mai 1828 ist er jedenfalls in Nürnberg aufgetaucht. Nach neuesten Forschungen hat er sich die tödlichen Messerstiche selbst beigebracht, vermut-

lich, um dem nachlassenden öffentlichen Interesse entgegenzusteuern. (Damals musste man zu solch drastischen Maßnahmen greifen, heute gibt es dafür das ›Dschungelcamp‹.)

Friedrich August von Kaulbach
* 1850 in München, † 1920 in Ohlstadt bei Murnau
Dekorativer Schwärmer. Spitzenverdiener durch massenweise Anfertigung von vorteilhaften Frauenporträts.

Sebastian Kneipp
* 1821 in Stephansried bei Ottobeuren, † 1897 in Wörishofen, damals noch nicht »Bad«
Wassertretender Pfarrer, schwäbischer Wunderheiler, präesoterischer Pritschler, Spritzgussdoktor.

Franz Marc
* 1880 in München, † 1916 bei Verdun
Populär gewordener Malerpionier, blauer Reiter. Liebhaber von springenden gelben Kühen, auf dem Rücken liegenden Spatzen, viereckigen Tigern und aufgetürmten blauen Pferden. Vieles davon kann man sich im *Franz Marc Museum* in Kochel am See anschauen.

Male Bayern im Stil von
Franz Marc aus.
Verwende viel Blau
und ein Pferd.

Christian Morgenstern
* 1871 in München, 1914 in Untermais, Meran
Galgenlieder-Dichter, Erfinder des Nasobēms. Ein
Beispiel:

Ein finstrer Esel sprach einmal
zu seinem ehlichen Gemahl:
»Ich bin so dumm, du bist so dumm,
wir wollen sterben gehen, kumm!«
Doch wie es kommt so öfter eben:
Die beiden blieben fröhlich leben.

Sterben, wo andere Urlaub machen

Die pralle Lebensfreude zu schildern ist das Pflichtprogramm jedes Künstlers. Wie sie aber den Tod darstellen, die Schnitzer und Pinsler, Kritzler, Radierer und Tonsetzer, daran sollen sie gemessen werden. Hier Kostproben von bayrischen Künstlern, die diese Aufgabe auf ihre Art gemeistert haben.

Ludwig Ganghofer

Die Sterbeszene in seinem bekanntesten Roman *Das Schweigen im Walde* ist kurz und knapp. Diese lakonische Präzision hätte man dem Lodenmantel-Literaten gar nicht zugetraut:

> Es war gegen Mitternacht, und sie hatten das Jagdhaus noch nicht erreicht, als der Förster sie einholte und die Nachricht brachte: »Mazegger ist gefunden.«
> »Lebend?«
> Der Förster schüttelte den Kopf.

Punkt, aus. Die Szene (beziehungsweise Mazegger) ist im Kasten. Mehr ist dazu nicht zu sagen. Im Roman *Der Jäger von Fall* wird Ganghofer etwas ausführlicher:

Er tat einen wohligen Atemzug und sagte leise,
mit einem aus der Tiefe seines Herzens klingen-
den Laut: »Dös heilt mich.«
Ein Rascheln in den Kissen drüben. Ein sachtes
Gleiten der dürren sonnverbrannten Hirten-
hand, die auf der wollenen Decke lag. Lenzls
Augen blieben geschlossen. Nur der blutende
Mund bewegte sich: »Mei Glöckl, gelt – dös feine
Glöckl – dös hast mit auffibracht?« Das Zucken
seiner Lippen wurde ein Lächeln. »Grad hab ich's
läuten hören – so ebbes Schöns!« Dieses frohe
Lächeln erlosch nicht mehr. Es blieb und wurde
wie Wachs, wie weißer Marmor.

Richard Strauss
Tod und Verklärung, op. 24, ist eine Tondichtung für
großes Orchester, die 1888 entstanden ist und unter
der Leitung des Komponisten 1890 in Eisenach uraufgeführt wurde. Das Programm: Siechtum eines
Sterbenden – peinigende Schmerzen – Lebenserinnerungen – Tod – und eben: Verklärung. Alexander
Ritter verfasste nachträglich ein Gedicht, das Strauss
der Partitur voranstellte:

In der ärmlich kleinen Kammer,
matt vom Lichtstumpf nur erhellt,
liegt der Kranke auf dem Lager. [...]
Da erdröhnt der letzte Schlag

von des Todes Eisenhammer,
Bricht den Erdenleib entzwei,
Deckt mit Todesnacht das Auge.
Aber mächtig tönet ihm
Aus dem Himmelsraum entgegen
was er sehnend hier gesucht:
Welterlösung, Weltverklärung!

Unbekannter Meister
Der Tod von Altötting (im Dialekt *Da Tod z Eding*) ist
der Name einer kleinen Skelettfigur aus ehemals ver-
silbertem Holz, die in der Altöttinger Stiftspfarrkirche
zu sehen ist. Das ›Tödlein‹ steht auf einer etwa sieben
Meter hohen Schrankuhr aus dem 17. Jahrhundert.
In dieser Zeit wütete in Altötting wie in ganz Europa
die Pest. Der Sensenmann mäht im Takt der Uhr. Die
Legende besagt, dass bei jedem Schwung seiner Sense
irgendwo ein Mensch stirbt. Sehr anschaulich.

Ludwig Feuerbach
Die Nichtigkeit von Tod und Unsterblichkeit:

> »Nur vor dem Tode, aber nicht im Tode ist der
> Tod Tod und schmerzlich; der Tod ist so ein
> gespenstisches Wesen, daß er nur ist, wenn er
> nicht ist, und nicht ist, wenn er ist.«

Ja, so ähnlich haben wir uns das auch schon gedacht.

Albrecht Dürer

Ritter, Tod und Teufel ist 1513 entstanden. Dürer verfertigte diesen Kupferstich, die Symbole und Allegorien sind seitdem sicher eine Million Mal gedeutet worden. Nur so viel noch: Das Bild ist einer der drei ›Meisterstiche‹, *Melencolia I* könnte das bayrische Granteln darstellen, in *Der heilige Hieronymus im Gehäus* liegt vorne brezelbreit ein (bayrischer?) Löwe. Und *Ritter, Tod und Teufel?* Welcher Kunstgeschichtler wagt sich an eine bayrische Interpretation?

Patrick Süßkind

Der stille Genießer abseits des lärmenden Literaturbetriebes hat 1985 in seinem einzigen Roman *Das Parfum* seine Hauptfigur einen ungewöhnlichen Tod sterben lassen. Der Mädchenmörder Grenouille hat ein Parfum geschaffen, dessen Geruch absolutes Begehren auslöst. Nachts, auf dem Friedhof, umgeben von den Ausgestoßenen der Gesellschaft, übergießt er sich mit dem Parfum, und in den Umstehenden erwacht eine solch kannibalische Gier, dass er von ihnen in wenigen Sekunden zerrissen und vollständig verspeist wird.

Oskar Maria Graf

Das ist meine persönliche Lieblings-Sterbe-Stelle, entnommen dem Roman *Das Leben meiner Mutter*:

Die Bäuerin rief durch die halboffene Tür: »Zieh das nasse Zeug aus und hock dich zum warmen Herd her!«

Der Heimrath gab nicht an und nahm noch einmal einen Schluck. Die Hitze stieg ihm ins Gesicht, inwendig drückte das Blut gegen sein schwer arbeitendes Herz. Er schnaubte hart.

»Geh weiter!«, sagte die Bäuerin abermals, »so patschnass dahocken kann doch auch nicht gut sein!«

Am runden eschenen Tisch in der Stube sitzend, schüttelte der Heimrath den Kopf, presste ihn ein paarmal mit den groben Händen zusammen und versuchte, sich aufzurichten.

»Ja, was ist denn das bloß? Was ist denn das? … Herrgott, Herrgott!«

Franz Xaver Kroetz

In seinem Theaterstück *Wunschkonzert*, das 1973 uraufgeführt wurde, stirbt das einsame Fräulein Rasch am Schluss an einer Überdosis Schlaftabletten. Während des ganzen Theaterstücks fällt kein Wort, nur die Stimme des ›Wunschkonzert‹-Moderators tönt aus dem Radio. Fräulein Rasch zählt die Tabletten ordentlich ab und schluckt langsam eine nach der anderen. Sie spült sie mit Sekt hinunter, denn die letzte Stunde des Lebens soll schon eine feierliche sein.

Franz von Kobell und Kurt Wilhelm
Der Brandner Kasper und das ewig' Leben
Hier tritt der Tod (der Boandlkramer) selbst auf,
aber es geht nicht so recht voran mit dem Sterben,
denn der Tod wird vom Kasper mit ein paar Glasl
Kerschgeist überlistet und beim Kartenspiel über den
Tisch gezogen. Ein Dauerbrenner.

Michael Mathias Prechtl
Das 1986 entstandene Aquarell *Himmelfahrt einer
Wasserleiche* stieß auf Kritik monarchistischer Vereine, denn niemand anderer als König Ludwig II. ist
diese Wasserleiche, und das auch noch in Spitzen-
höschen, Schleifchenstrumpfband und Riemchen-
Pumps.

Elfie Pertramer
Die Arbermandl
Der Große Arber ist der ›König des Bayerischen Wal-
des‹. Im Winter weht der ›Böhmische Wind‹ und bildet mit dem Eisschnee um die Latschen und Fichten
die sogenannten ›Arbermandl‹. Der BR drehte 1985
einen Film darüber, Elfie Pertramer unterlegte diese
Aufnahmen später mit einem mystischen Gedicht:

> Wenn 's Liacht kummt, nachad vergehst.
> Nacha zlaffst. Gschwoikopf!
> Bist a nix anders wia Liacht!

Schaug, a de Bucklad zerrinnt, a da Tod,
alles werd Liacht, einfach gar ois.

Georg Ringsgwandl

Er ist einer der einfühlsamsten unter den deutschsprachigen Bob-Dylan-Coverern. Bob Dylans *Gotta
Serve Somebody* verwandelt er in *Nix mitnehma*, und
dort heißt es:

Hey, du konnst im Superschwergewicht
    Boxweltmoasta sei,
oder hast an Würschtlstand draußd in
    Berg am Laim,
doch den derfst du net mitnehma …

Nämlich ins Jenseits. Das wäre aber doch allerliebst,
wenn man wenigstens einen Würschtlstand in der
freudlosen Unterwelt aufschlagen könnte! Womit
wir bei den leiblichen Genüssen Bayerns wären. Wir
bitten zu Tisch.

Menüfolge mit Leberkäse

Da braucht man nicht drumherumzureden: Schwer, nahrhaft und deftig ist sie schon, die bayrische Küche. Das ist nicht das feine Florett der Haute Cuisine, mit dem die verwöhnten Geschmacksnerven gekitzelt werden, das ist der schwere Säbel der heißhungrigen Fresserei. Aufg'schmalzene Dampfnudeln, kanonenkugelartige Kartoffelknödel und rauchende Schweinshax'n stehen da auf dem Tisch. Magerer Steckerlfisch, Radi und Krautsalat hingegen scheinen auf der nach oben offenen Kalorienskala die einzigen Ausrutscher nach unten zu sein. Und selbst den friedlichen Krautsalat übergießt der knödelvolle Schlemmer noch mit der Schweinsbratensoße vom vorigen Gang, bis jedes Weißkrautschnipselchen einzeln Pardon schreit.

Mit der Haute Cuisine braucht man ihm eigentlich nicht zu kommen, dem Bayern. Gut, freilich, es gibt sie schon, die weiß-blauen Spitzenköche und -kocherl, die Hauben, Sterne und Löffel sammeln wie andere Briefmarken. Aber kommen die denn wirklich aus Bayern? Heinz Winkler (*Residenz* am Chiemsee) ist in Brixen/Südtirol geboren. Christian Jürgens (*Überfahrt* in Rottach-Egern) stammt aus Unna.

Eckart Witzigmann (bis 1993 *Aubergine* in München) ist Vorarlberger, Hans Haas (*Tantris* in München) Tiroler. Diethard Urbansky vom Münchner *Dallmayr* kommt gar aus dem Sauerland. Einzig und allein Alfons Schuhbeck *(diverse medienwirksame Kochstellen)* stammt aus Traunstein in Oberbayern.

Zwar ist es in letzter Zeit Mode geworden, die bayrische Küche ins Pikfeine zu schmuggeln. Das ist aber so, als würde man ein Sechsergespann von Bräurössern zum Lipizzaner-Ballett schicken. Die Hochglanzkocherei führt oft zu unfreiwillig komischen Ergebnissen. *Bouillabaisse auf bayrische Art* – also nichts anderes als eine Fischsuppn, nur mit Flusskrebsen, Forellen und Weißbier (die Rouille wahrscheinlich mit selberg'stampfter Buttermilli und Schofskaas) – das mag schmecken wie Rakete, aber es ist halt dann nicht mehr die bayrische Küche. Es ist die *Schmankerlküche.* Auch Alfons Schuhbeck brät und grillt Weißwürste auf Chili-Rahmkraut, trüffelt Schweinswürst'l und flambiert saure Wammerl – aber wozu eigentlich? Bayrisch ist einfach. Bayrisch ist barock. Bayrisch ist üppig. Es muss eine riesige Pfanne auf den Tisch kommen. Und man muss ein Schnapserl danach brauchen.

Die *Schweinfurter Schlachtschüssel* ist so ein Beispiel für den bayrischen (in diesem Fall fränkischen)

Normalfall der Nahrungsaufnahme. Die gesottenen Fleischstücke werden nicht auf Tellern serviert, sondern pfundweise direkt auf dem Holztisch ausgeschüttet. Nach dem Motto ›Vom Fetten zum Mageren‹ gibt es zuerst Bauchfleisch, Stich, Backe, Bug, Kamm, dann die Kopfteile: Rüssel, Ohren, Zunge, schließlich sind Herz, Nieren und Magen dran. So kommt wirklich das ganze Schwein weg. Man isst mit hochgekrempelten Ärmeln, die Überbleibsel werden zur Tischmitte geschoben, schließlich abgetragen und sogleich verwurstet, jeder Gast bekommt ein Päckchen davon mit – so war es zumindest früher.

Wie ist es heute? Auf den Straßen beißen chic gekleidete Menschen gierig in triefende Schweinswürstl. Das ist überall so, das ist normal. In bayrischen Kulturzentren findet diese Art der Nahrungsaufnahme jedoch auch vor den Opernhäusern und in den Theaterfoyers statt. Konzertbesucher, die jederzeit heraushören, welche der sechzehn Bratschen bei Beethovens 3. Sinfonie etwas zu hoch gestimmt ist, tropft der süßpappige Weißwurstsenf auf den feinen Zwirn.

Ludwig Thoma hat sich nach zuverlässigen zeitgenössischen Zeugnissen sechs warme Mahlzeiten am Tag servieren lassen. Uschi Glas hingegen aß nie etwas.

»Der hat noch niemals eine Speise erfahren, nie eine Speise durchgemacht, der immer Maß mit ihr hielt.« Dieser Gedanke des Berliner Philosophen (und ausgewiesenen Bayern-Liebhabers) Walter Benjamin kann sich eigentlich nur auf eine Speise beziehen: den Leberkäse. Er ist das Symbol für den ungezähmten Genuss, für die schiere Fresserei ohne Wenn und Aber. Wie sagt der Volksmund: *Ein wirklich guter Leberkäse darf den Weg vom Metzger nach Hause nicht überstehen.* Denn wenn er wirklich gut ist, dann hält man es nicht mehr aus, dann greift man ohne hinzuschauen in die Einkaufstasche, wickelt hastig aus, langt hinein in den heißen Baatz, kann nicht mehr anders, als die Zähne ins Warme zu schlagen, wie es schon der Urmensch vor dreißigtausend Jahren mit der frisch erwürgten Wildsau getan hat.

Hier sind übrigens nicht *Leberkäsesemmeln* gemeint, die Pausenbrotzeiten, die Schülersnacks, die Zwischendurchs, mit denen sich mancher Abspeckwillige selbst betrügt. Hier ist schon von der archaischen, rötlich schimmernden Scheibe die Rede, die der Metzger des Vertrauens augenzwinkernd über den Ladentisch reicht, eingewickelt in Butterbrotpapier, in früheren Zeiten in knisternder Alufolie. Warum gibt es denn in den Spitzenrestaurants mit den begleitenden Weinen, devoten Kellnern und der seicht dahinplätschernden Musik alles, wirklich alles – nur keinen Leberkäse? Antwort: Es traut sich niemand ran. Das wagt kaum jemand. Logisch kann man ihn panieren und als Falsches Cordon bleu anbieten. (Das gibt es, und absurderweise nennt sich dieses Gericht ›Maurerschnitzel‹.) Dann kann man aber gleich die sechs Bräurösser panieren. Aus dem Leberkäse kann man keine *Tarte extravagante* machen, den gibts nur beim Metzger um die Ecke, bei einem bestimmten Metzger um die Ecke, wobei man eigentlich nur zum … Ding gehen kann, zum … Ding, wie heißt er noch gleich?, zum … ja, Herrschaft, gleich fällts mir ein, zum … nein, ich komme gleich drauf, zum … besten Leberkäsmetzger in ganz Bayern eben.

Echt Bayerischer Leberkäse zeichnet sich übrigens dadurch aus, dass er alles, aber keine Leber enthalten darf. Enthält ein Leberkäse Leber (in Recklinghausen oder Leer mag das üblich sein), dann darf er nicht Bayerischer heißen, sondern höchstens Leberkäse Bayerische Art. Manchmal sind im Leberkäse auch Rote Bete drin. Dann heißt es allerdings Labskaus. Doch das ist eine andere Geschichte.

Total authentisch

Für dieses Buch zu recherchieren hat besonders bei den gastronomischen Kapiteln großen Spaß gemacht, das können Sie mir glauben. Ich habe alle Fußgängerzonen und Marktplätze von bayrischen Städten unter 50 000 Einwohner abgeklappert und bin dort ins *Spatzl*, in die *Post*, ins *Lamm* oder in den *Hirsch* gegangen, überall hat es gekrautelt und geschmalzelt, dass es eine wahre Freude war. Aber damit nicht genug. Der Heimatpfleger meines Vertrauens hat mir noch eine besondere Empfehlung ausgesprochen. Ich solle unbedingt beim Landgasthof Glöcklberger in Murmannskreuth einkehren. Das wäre der Geheimtipp schlechthin, von außen absolut unscheinbar, innen aber immer rap-pel-voll. Total authentisch. Eine echte bayrische Bauernwirtschaft. Essen wie vor hundert Jahren. An einer Wand schwere rote Samtvorhänge. Ein Zithertischchen. Eine Bühne, auf der Bauerntheater gespielt wird. Murmannskreuth findet man auch nicht auf Anhieb, es ist auf vielen Landkarten gar nicht eingezeichnet, aber das gehört zum Konzept. Das Suchen und das Sich-Verfahren sind sozusagen schon ein erster kleiner Gruß aus der authentischen Küche.

Endlich aber habe ich es gefunden. Der Parkplatz vor dem Glöcklberger ist voll wie eine Blunzenwurst beim Landmetzger. Lauter Münchner Kennzeichen. Berliner Kennzeichen. Sogar russische Kennzeichen. Ein Reisebus, aus dem gerade unzählige Holländer aussteigen, alle orange gekleidet. Auch das gehört dazu. Und innen: der Wahnsinn. Rap-pel-voll. Sardinenbüchse. Bienenstock. Die Geräusche, die mir aus allen Richtungen entgegenschlagen: ein Soundtrack der Gefräßigkeit. Das Besteckklappern bildet den Grundrhythmus des Wohlbehagens. Ich schließe unwillkürlich die Augen und sauge sie ein, die nahrhaften, schweren Gerüche aus der Küche, die an die eigenen Kindertage erinnern.

»Ham Sie vorbestellt?«

Die Kellnerin reißt mich aus den Träumen.

»Äh, nein, ich wollte ganz spontan –«

»Sind Sie allein da?«

»Ja.«

»Einen Platz hätt ich noch. Da drüben, bei der Dame, wenns Ihnen nichts ausmacht.«

Es ist eine typisch bayrische Bedienung. Außen rau, innen genauso rau. Für solche Kellnerinnen gilt: Wenn sie dich nicht niederschlagen, gelten sie schon als freundlich.

»Also?«

»Ja, klar, freilich.«

Endlich sitze ich. Im berühmten Glöcklberger in

Murmannskreuth! Beengt zwar, aber glücklich, überhaupt noch einen Platz bekommen zu haben. Ich suche eine Speisekarte, sehe mich nach einer handbeschriebenen Schiefertafel an der Wand um. Aber all das gibt es hier nicht. Offensichtlich wird in Murmannskreuth alles so frisch zubereitet, dass sich eine Speisekarte gar nicht lohnen würde. Plötzlich ist die Bedienung wieder da, wie aus dem Boden gewachsen. Geblümtes Mieder mit selbstgenähten Froschgoscherlrüschen, die Schürze aus knallhart gestärktem Leinen, irgendwie panzerartig, ritterartig mittelalterlich, wirklich sehr urig. Sie holt tief Luft und legt los.

»Lüngerl, Saure Knödel, Kalbshaxen, Schuxen, Aufg'schmalzene Semmelschöberl, Grießnockerlsuppe, saure Hirgstmillisuppn, Bröselschmarrn, Moosbeernudeln, Jaganockerl, Schweinsnierl, Steckerlfisch –«

»Hm, das klingt gut –«

»Gibts nimmer.«

Ich bin entsetzt und zutiefst enttäuscht. Schon bei der Aufzählung ist mir das Wasser im Mund zusammengelaufen.

»Alles aus?«

»Hörns schlecht? Gibts nimmer.«

»Was gibts denn dann – äh –«

»Rinftln gäbs noch.«

»Rinftln?«

»Ja, Rinftln. Also?«

»Was sind denn –« Keine Ahnung, was Rinftln sind. Noch nie gehört. Doch ich will nicht hinausgeworfen werden. »Ja, dann einmal Rinftln, bitte.«

»Gstöckelte oder waxe Rinftln?«

»Wo ist da –« Ich will wie gesagt nicht hinausgeworfen werden. »Geht denn beides? So halb, halb?«

»Gmischte Rinftln. Puh! Wers mag.«

Und weg ist sie.

Trotzdem. Sensationelle Atmosphäre. Essen wie vor hundert Jahren. Wacklige Tische mit Bierfilzln unter den Beinen, schummrige Beleuchtung. Das Bier aus der hauseigenen Brauerei: Glöcklberger Maibock. Slogan: »Des glöckelt!« Alles total authentisch, kein Fuzzelchen Resopal, oben, unten, seitlich, überall nur schwere, historische Zirbelholzhölzer. Die dunkelroten Samtvorhänge zittern leicht. Wo sind eigentlich die Holländer mit den orangen T-Shirts? Nirgends zu sehen. Die Dame am Tisch hat ihren Teller schon leergegessen, sie tupft sich den Mund ab, es ist Sandra Bullock. Drüben sitzt Franz Beckenbauer. Und da Elton John. Ein Geheimtipp eben. An einem anderen Tisch wird gekartelt. Einer mischt. Frrrrrrrr. Jeder der Mitspieler gibt seinen Senf dazu:

»Ja bist du denn aus Gebertshausen?«

Frrrrrrrr.

»In Chicago is der Mischerfriedhof!«

Frrrrrrrr.

»Im Nachbardorf hams oam die Karten aus die Händ operiert.«

Frrrrrrrr.

»Neilich hams einen ausgraben, der hat immer noch gmischt.«

Weiter hinten ein Tisch voller Russen. Ja klar, auch das gehört zu einer authentischen Atmosphäre. Russen. Holländer. Fremde, die voll integriert werden, wie seit Jahrhunderten.

»Waren Sie das mit den Rinftln?«

Die Bedienung, wer sonst.

»Ja, genau.«

»Was wollns dazu trinken?«

»Ein Radler.«

Jetzt ist sie ein bisschen pikiert. Ein spöttischer Zug erscheint auf ihrem Gesicht. Fast ein verächtlicher. Ein angeekelter.

»Rinftln und Radler. Wie Sie wollen. *Ich* muss es ja nicht essen.«

Ein anderer Gast schreit zwei Tische weiter: »Fräulein!«

»Sie werdens wohl derwarten! Sehns nicht, was hier los is?«

»Ich wollte doch bloß –«

»Ich komm gleich. Wenn ich vier Händ hätt, tät ich beim Zirkus arbeiten.«

Und schon ist sie wieder weg, die Kellnerin. Was

aber sind Rinftln? Ein schneller Blick ins Internet. Keine Ergebnisse für Rinftln. Wenn etwas im Internet keine Ergebnisse liefert, dann muss es sehr, sehr alt sein. Absolut echt, historisch, unverfälscht. Ein schwerer Geruch von frischem Krustenbraten mit Kümmel zieht durch den Raum, das rhythmische Besteckgeklapper überwiegt jetzt über die lustvollen Seufzer. Plötzlich flackert das Licht, die Beleuchtung verändert sich, und dort heben sich die Vorhänge aus dem schweren, roten Stoff. Die Vorstellung des Bauerntheaters beginnt! Ich rücke meinen Stuhl zurecht und lehne mich zurück. Leise Zithermusik, die Bühne zeigt – einen großen Saal mit Stuhlreihen, alle Plätze sind besetzt. Die Leute starren – zu mir her. Darunter viele Zuschauer in orangem T-Shirt. Ach, da sind die Holländer abgeblieben. Die Bedienung steht wieder vor meinem Tisch, mit einem Glas Radler.

»Sie waren das mit den Rinftln, gell! Rinftln sind auch aus. Wollns vielleicht einen Teller Pommes frites? Oder eine Portion Sushi?«

In der ersten Reihe raunt jemand dem anderen zu: »Boh! Total authentisch! Bis ins kleinste Detail!«

Ich weiß bis heute nicht, was Rinftln sind.

Ein Vorschlag für die Aufnahme ins Weltkulturerbe

Würde man sämtliche bayrischen Touristenattraktionen und Must-sees aneinanderreihen, entstünde eine Strecke von hier bis zum Mond. Man kann sie beim besten Willen nicht alle aufzählen. Und wenn man das doch täte, dann käme schon wieder der Wurchterdinger Schorschl aus Zwickhartl-Kretzenwaging, daselbst rühriger Ortsvorstand und Einplattler, und er würde sofort ein Foto von der sauren, aber prächtig mit Sumpfpflanzen bestückten Wiese hinter seinem Haus schicken, darunter der Text: *Des Platzerl habts aber vergessen!* Warum also eigentlich zum tausendsten Mal Schloss Linderhof nennen oder das Zugspitzplatt, den Bamberger Dom oder die Nürnberger Burg? Kann ein Land nicht vielmehr gemessen werden an seinen unscheinbaren, nichtssagenden, unansehnlichen Plätzen? Man braucht nicht lange zu suchen: Die hässlichste Stelle Bayerns liegt unzweifelhaft im Herzen der Landeshauptstadt. Sie ist nur wenige Schritte vom Hauptbahnhof entfernt, ein Besuch lohnt sich allemal. Denn so etwas muss man sich live anschauen, den synästhetischen Gesamteindruck, die geballte Ladung aus Sehen, Riechen, Schmecken, Hören und Spüren fängt kein

Internet ein. Es ist die Paul-Heyse-Unterführung. Erbaut wurde sie in den Jahren 1902 bis 1908, und bis auf die Fahrbahn ist sie seitdem noch nie saniert worden. Das ist wirklich der Wahnsinn: Es ist ein Blick in die Vergangenheit! Trotzdem ist die 210 Meter lange ›Giftröhre‹ in keinem Fremdenführer zu finden. Der Grund dafür ist klar: Dieser Ort ist für Pauschalreisende nicht geeignet. Da muss man schon ein bisschen Zeit mitbringen. Auch die Deutsche Bahn bietet die Reise dorthin nicht als Bayern-Ticket an, denn der Urzustand des Tunnels soll nicht durch Massentourismus verunstaltet werden.

Die DB ist die Eigentümerin der Paul-Heyse-Unterführung, und sie hat sicher ihre Gründe, warum sie den schummrigen Tunnel in seinem verletzlichen Urzustand belässt. Es ist ein Grad der Verkommenheit, den man heutzutage nur noch selten sieht. Beton bröselt aus schmutzigen Fugen, uralte Fliesen von undefinierbarer Farbe lösen sich aus feuchten Wänden. Sind das auf dem Verputz dahinter lateinische Inschriften der ersten Mönche, die München vor über tausend Jahren gegründet haben? Oder Urmenschenzeichnungen aus der Bronzezeit? Oder muss man sich so den altgriechischen Hades vorstellen?

Historisch ist sie allemal interessant, die Unterführung: Am Südportal sind noch heute, über siebzig Jahre nach Kriegsende, Spuren von militärischen Operationen zu sehen. Der beängstigende Gesamteindruck setzt sich fort: Über einem donnern die Züge, die Decke zittert, unten wummert das Fundament. Man fasst kein rechtes Vertrauen zu dieser Konstruktion. Vor allem, wenn man genauer hinschaut. In das genietete eiserne Tragwerk hat der Rost der Jahrzehnte tiefe Löcher gefressen. Aus allen Ritzen dringt Nässe, im Winter wachsen unansehnliche Eiszapfen, die beim Herunterfallen krachend zwischen den Fußgängern detonieren. Wo in dieser auf Hochglanz getrimmten Welt sieht man so etwas denn noch?! Zehntausende Autos fahren hier täglich durch, Hunderte CO_2-resistente Tauben können sich kaum auf den morschen Querstreben halten, sie drohen vornüberzukippen, so bleihaltig sind ihre Lungen. Sie hinterlassen Unmengen von Kot, mancher Stenz mit offenem Coupé und in blütenweißem Hemd kann ein Lied davon singen. Die Kriminalitätsrate ist hoch, es schadet nicht, mit dem Auto zügig durchzufahren. Gerät man in einen Stau, sollte man sich auf das Schlimmste gefasst machen. (Aber rund um den Hauptbahnhof kann man sich ja mit Waffen aller Art eindecken.) Und tatsächlich ist der flüchtige Mafia-Pate Patrizio Pellegrino (44) im November 2015 von LKA-Kräften ausgerechnet in der

Paul-Heyse-Unterführung gestellt worden. Wenn das kein Zufall ist.

Also schnell durchgehen (wegen der Mafia), nie länger stehen bleiben (wegen der Tauben) und seinem Gspusi niemals im Tunnel ins Gesicht sehen (wegen des seelenlosen Lichts, das scharf und brutal von oben kommt). Denn ein hässlicher Ort macht auch die Menschen hässlich. Man spaziert noch gutgelaunt und mit blendendem Aussehen hinein, gerät sofort in die fatale Melange aus Kohlendioxid, Sandstaub und Blei, verwandelt sich in einen kalkweißen Zombie, kann vom Fleck weg für *The Walking Dead* gecastet werden. Wenn Sie also verliebt sind – gehen Sie bittschön außen rum.

Bei Drucklegung dieses Büchleins gab es sie übrigens noch, die Paul-Heyse. Vielleicht muss dieses bedeutende Bauwerk einmal mehr einem protzigen Glaspalast einer Versicherung weichen. Also noch schnell hin, bevor es zu spät ist! Denn wie heißt es so schön in einem Alt-Münchner Gstanzl:

Jetzt züchtens in da Paul-Heyse-Unterführung
an echten Münchner Wein,
aber saurer als da fränkische
kann der aa nimmer sein.

(Kurz vor Redaktionsschluss noch ein Nachtrag. Am 4. Mai 2015 stand es groß und breit in der ›Süddeutschen‹: »SPD fordert Sanierung der Paul-Heyse-Unterführung. SPD-Stadtrat Hans Dieter Kaplan hat gleich mehrere wenig schmeichelhafte Begriffe parat: Eine ›Zumutung‹ sei sie, ›schmuddelig‹ und geeignet, Fußgänger wie Radfahrer zu Umwegen zu animieren.« Das ist ganz typisch für die Münchner SPD. Die alten Spaßbremsen vertragen es einfach nicht, wenn irgendwo in der Stadt noch das Ursprüngliche belassen wird.)

Fakten, Fakten, Fakten

- Der kälteste See Bayerns ist der Funtensee im Steinernen Meer. Dort in diesem Talkessel wurde eine Temperatur von – 45,9 Grad Celsius gemessen.
- Der Postkutschendienst Bad Kissingen – Bad Bocklet ist die letzte deutsche Postkutschenlinie, die noch immer ganz offiziell von der Deutschen Post (mit)betrieben wird.
- In Windischeschenbach in der Oberpfalz steht der größte Landbohrturm der Welt. Mehr als 9000 Meter geht es hinunter. Es heißt, dass man an klaren Tagen den Teufel dort werkeln sehen kann.

- Bayerns einziger Leuchtturm steht in Lindau.
- Einen ungewöhnlichen Qualitätstest führte Anton Wolfgang Graf von Faber-Castell (* 1941 in Bamberg, † 2016 Houston, Texas) im Mai 2012 im Selbstversuch durch. Zusammen mit dem Laborchef der Firma Faber-Castell, Gerhard Lugert, trank er vor internationalen Medienvertretern ein Glas Tinte aus der Produktion von Faber-Castell aus, um die Umweltverträglichkeit der Faber-Castell-Kinderfilzstifte zu zeigen.
- Garmisch-Partenkirchen (und nicht etwa Köln) hat die geruchsintensiven geographischen Koordinaten 4711. (Wer es genau wissen will: 47° 30′ NB, 11° 6′ ÖL)
- Die geographische Mitte Bayerns stellt der große Markierungsstein in der Gemeinde Kipfenberg/Altmühltal dar.
- Zieht man eine Linie vom Nordpol zum Südpol, verläuft sie genau durch Nürnberg. Endgültig kein Grund mehr, beleidigt zu sein.
- Der Barthelmarkt in Oberstimm, einem Ortsteil von Manching, ist eines der ältesten Volksfeste Deutschlands. Es gibt ihn seit 1354. Beim traditionellen ›Zeltstürmen‹ am ersten Tag werden frühmorgens gegen 5 Uhr die Bierzelte geöffnet, die Bänke sind Sekunden später restlos besetzt.
- Die Stadt Bogen war der Sitz der (inzwischen ausgestorbenen) Grafen von Bogen, deren weiß-blaues

Rautenwappen heute Bestand des bayrischen Staatswappens ist.

Philosophie

Der geneigten Leserschaft wird es sicher schon in den Kapiteln ›Große bayrische Persönlichkeiten‹ aufgefallen sein, dass es in Bayern arg wenig Philosophen gibt, die in der Welterklärungs-Oberliga spielen. Im westlich benachbarten (und auch ziemlich verwandt denkenden) Bundesland Baden-Württemberg wimmelt es hingegen von bedeutenden, international bekannten Grübelgeistern: Kepler, Hegel, Schiller, Heidegger, Hesse … Zu den vielen verblichenen Sinnsuchern kommen die zeitgenössischen: Rüdiger Safranski, Peter Sloterdijk, Jürgen Klopp – was für eine nachdenkliche Luft haben die da drüben im Alemannischen bloß? Vielleicht liegt es daran, dass der Bayer keine großen Weltentwürfe liebt, sondern eher der Philosophie im Kleinen zugetan ist. Nicht die langen Kant'schen Schachtelsätze sind seine Spezialität, sondern kurze, aphoristische Alltagsweisheiten, die in den vielen Stunden der Feldarbeit erdacht und am Abend in der Stubn ausgesprochen werden:

Grad bois richti schleint,
muasst da an Dawei lassen.
Na dageits.

(Also etwa: Gerade dann, wenn etwas von enormer
Dringlichkeit ist, ist man gut beraten, einen Moment
innezuhalten und sich zu entschleunigen. Das führt
in den meisten Fällen zum Erfolg.) Auch die kleinen,
seelenvollen Floskeln, die auf dem philosophischen
Feierabendbankerl die nahende Dämmerung wür-
zen, sind nichts anderes als pessimistische Seufzer:
*Sei tuats halt was … So gengan die Gang … Ja, mi
hast ghaut … Kaffts Radi …* – und schließlich, ganz
kurz, mit dem bekannten Modalpartikel ›fei‹: *Es is fei
scho a Kreiz.* Der Heimatpfleger meines Vertrauens
nickt mir aufmunternd zu: kein Bayernbuch ohne
eine Erklärung des angeblich unübersetzbaren
Wörtchens ›fei‹! Also los: Es ist nämlich gar nicht
unübersetzbar. ›Fei‹ bedeutet verbindlich, bindend,
verpflichtend, obligatorisch, feststehend, geltend,
gültig, endgültig, amtlich, irreversibel, bestimmt, ab-
schließend, unabänderlich, unwiderruflich, unum-
stößlich, unwiederbringlich, entschieden, beschlossen, besiegelt, ewig, für immer, für immer und ewig,
ein für alle Mal, abgemacht, nicht wieder rückgängig
zu machen, zweifellos, ganz und gar, definitiv – um
nur einige zu nennen. Die halbe Welt in einer Silbe:
fei

(Da fehlt jetzt bloß noch der Mond und der Mai und eine Kirschblüte, dann hätten wir ein einsilbiges japanisches Haiku, aber fei vom Feinsten und Nachdenkenswertesten.) Auch an den Stammtischen, da, wo *a weng a Schmaaz hergeht*, wie es in Niederbayern heißt, sitzen die vollen Philosophen. Wo, wenn nicht da. Ab und zu gräbt einer aus dem kollektiven Gedächtnis Sentenzen aus wie:

> Du kannst an Wolf ausm Wald holen.
> Aber net an Wald ausm Wolf.

Hegel hat dazu in seiner Ausführung zur ›Dialektik als die Bewegung der Dinge selbst‹ Hunderte von Seiten gebraucht. Marx hat gar nicht erst versucht, den Gedanken weiterzuverfolgen. An bayrischen Stammtischen sinniert man darüber zwischen dem dritten und vierten Bier.

Und dann gibt es noch die alpenländische Liedform des ›Gstanzls‹. Bei diesem improvisierten Spottgesang, in dessen vier Zeilen möglichst viel Philosophie gequetscht werden kann und muss, sind politische Unkorrektheiten nach allen Seiten hin nicht ausgeschlossen, eher sogar erwünscht. Der bekannteste Gstanzl-Singer-Songwriter ist der Roider Jackl (* 1906 in Weihmichl, † 1975 in Freising).

♫ Insere weißblaua Krampfsepperln / san für mi
a routs Duach / wenn jetzat oana ›Oachkatzlschwoaf‹ song ko / schreibt a scho über Bayern a
Buach.

Dann setzt die Blasmusik ein, und in der Zeit kann
über das Gehörte nachgedacht und meditiert werden.
In bayernfreien Gefilden sollten diese Gstanzl etwas
langsamer gesungen, aber nie übersetzt werden. Der
Swing ginge verloren. Immer wieder wurde auf den
bewusst inhaltslosen Charakter des Gstanzlsingens
hingewiesen. Viele Schnaderhüpferl (wie sie auch genannt werden) sind reiner Nonsens, prangern gerade
dadurch die preußische Sucht nach Sinnsuche an:

♫ A haselnussbraunes Haaberpfanndl / und a
siebenjahrigs gschopferts Lerchamandel / und
a Zwiefelringerl, Stingl Grea / miaßn d Madeln
essen, na bleibns schea.

Vielleicht wäre ja doch noch ein Bayer zu nennen,
der zwar kein kosmoserklärender Denker im eigent-
lichen Sinne war, der aber der großen Philosophie
ganz nahe stand. Es ist der Franke Martin Lampe
(* 1734 in Würzburg, † 1806 ebenda). Er war der
Hausdiener Immanuel Kants aus Königsberg, und er
»hat die Aufklärung volle vier Jahrzehnte lang direkt
an der Quelle begleitet und befördert«, wie der Lite-

raturkritiker Jochen Hieber in der FAZ schreibt. War Lampe dafür verantwortlich, dass Kant nach seiner gotteszweiflerischen *Kritik der reinen Vernunft* zu einem zweiten Versuch ausgeholt und die versöhnlichere, volksnähere *Kritik der praktischen Vernunft* geschrieben hat? Die FAZ und Heinrich Heine sehen es zumindest so. Hätte doch jeder große Philosoph einen Bayern als entradikalisierenden, mäßigenden und abdämpfenden Diener gehabt!

Drei hervorstechende Wittelsbacher

hluth bedeutet im Althochdeutschen berühmt oder laut, *wig* so viel wie Kampf oder Krieg. Häufige Verniedlichungsformen sind Lugge, Lucki, Wick oder Wiggerl, manchmal auch Waggi oder Wacki. Viele Könige, Staatsoberhäupter und Heilige trugen diesen Namen, in Bayern allemal, bei den Wittelsbachern ist die Häufung fast inflationär. Es ist immer noch ein beliebter männlicher Vorname in Bayern, er gibt dem Träger etwas Gstandenes, Hochherrschaftliches und gleichzeitig Erdiges. (Wieder so ein Dreiklang!) Drei Namensträger seien hier herausgegriffen. Es sind die berühmten Wittelsbacher Vorreiter für das Ludwig-Sein schlechthin.

Da wäre zuerst einmal **Ludwig der Bayer**, eigentlich Ludwig IV. (* 1282 oder 1286 in München, † 1347 in Puch bei Fürstenfeldbruck).

Der damals amtierende Papst Johannes XXII. nannte ihn nur verächtlich *Bavarus ille*, also *Dieser Bayer da*. Bei Bavarus klingt auch der ›Barbarus‹ mit, also der Stammler und Stotterer (wörtlich eigentlich: br-br-Sager). ›Bayer‹ war also schon vor 700 Jahren nicht direkt ein Kosewort. Doch die Erfolge Ludwigs I. sind beeindruckend. Er siegte in der schon erwähnten Schlacht bei Gammelsdorf über die zahlenmäßig überlegenen Habsburger, und von da ab ging es mit ihm und seinem bescheidenen Herzogtum Oberbayern steil bergauf. Er wurde zum römisch-deutschen König gewählt. Der Papst forderte ihn auf abzutreten, Ludwig lehnte das ab, er kassierte dafür den Kirchenbann, wurde also exkommuniziert. Das war damals so, als wenn man heute jemandem das Handy wegnähme. Nach dem Tod seiner ersten Frau heiratete er 1324 die Tochter des Grafen von Holland, und Bayern stand plötzlich mit einem Fuß in der Nordsee, wenn das Bild erlaubt ist. Ludwig ging als exkommunizierter König nach Rom und ließ sich 1328 vom römischen Volk zum Kaiser des Heiligen Römischen Reiches ausrufen. Er setzte den Papst ab, durch geschicktes Taktieren und Verheiraten gelangte schließlich auch das damals heißbegehrte Tirol zu seinem Machtbereich. Und jetzt *wäre* es weitergegangen, Schlag auf Schlag. Bayern wäre *die* europäische Großmacht geworden, hätte wenig später begonnen, Kolonien zu gründen, eine davon 1607 in Nordamerika – nix Jamestown/ Virginia, sondern natürlich: Ludwigsburg. Und die Hauptstadt der Vereinigten Staaten hieße nicht Washington, sondern: Vohenstrauß. Es wäre auch militärisch erstarkt, Weltreich geworden, 1871 natürlich nicht dem Deutschen Bund beigetreten, in der Folge zur europäischen Supermacht aufgestiegen. Ein Besuch des bayrischen Staatsoberhauptes in Berlin, 1963 (»I bin fei a Berlina!«) hätte viel zur Völkerverständigung beigetragen. Das alles geschah jedoch nicht. Ludwig der Bayer starb nämlich 1347. Nicht im Kampf, nicht über die beschwerlichen Regierungsgeschäfte gebeugt, sondern er fiel bei einem Jagdausflug tot vom Pferd.

Ein anderes Kaliber, nämlich ein wesentlich leichteres, ist **Ludwig II.** Über den entmündigten, ertrunkenen und verehrten Märchenkönig (* 1845 auf Schloss Nymphenburg, heute München, † 1886 im Würmsee, heute Starnberger See) ist natürlich schon alles geschrieben worden, was geschrieben werden kann. Dem etwas hinzuzufügen hieße Wasser in den See schütten. Und je mehr geforscht wird, desto mehr wird das Wesentliche ins Dunkle getrieben. Die gewisse Portion Unklarheit ist das Geheimnis jedes Mythos. Nichts ist anziehender als ein dauerhaft ungeklärter Tod. Schon am nächsten Tag setzten die Spekulationen über die Todesursache ein: Auftragsmord des preußischen Geheimdienstes; Auftragsmord von Prinz Luitpold von Bayern, dem nächsten Anwärter auf die Krone; Herzschlag beim Fluchtversuch; Ermordung des Arztes Bernhard von Gudden, anschließender Selbstmord; unerkanntes Weiterleben bis zum Jahre 1918 …

Und dann haben wir noch den schon mehrfach erwähnten **König Ludwig I.** (* 1786 in Straßburg, † 1868 in Nizza).

Der Großvater von Ludwig II. hat durchaus viel Schönes und Ertragreiches auf die Beine gestellt. Er hat das Oktoberfest gegründet und die Ludwig-Maximilians-Universität von Landshut nach München geholt. Er war Bauherr, Förderer der Künste, Eisenbahnpionier. Als bekennender Philhellene führte er nicht nur das y in Bayern ein, sondern unterstützte auch großzügig den griechischen Freiheitskampf, wobei er im Befreiungskrieg 1821 ein Darlehen in Höhe von 1,5 Millionen Gulden zur Verfügung stellte. (Nur so eine Frage zwischendurch: Ist *das* eigentlich inzwischen schon von einer Nachfolgeregierung zurückgezahlt worden?) Was von ihm aber mehr in Erinnerung geblieben ist, sind seine Schnitzer, Ungeschicklichkeiten, Skandale, Ausrutscher und Affären. (Bei Franz Josef Strauß war es später genau umgekehrt: Sämtliche Schnitzer, Ungeschicklichkeiten, Skandale, Ausrutscher und Affären sind vergessen, geblieben ist nur der liebenswerte Bazi und schlitzohrige Spruchbeutel.) Ab den dreißiger Jahren des 19. Jahrhunderts bis zu seinem Lebensende hat er kein glückliches Händchen mehr bewiesen. Er führte die Zensur wieder ein, beschnitt die Pressefreiheit, und dann ging es Schlag auf Schlag. Brotpreis- und vor allem Bierpreiserhöhungen. Schließlich das absurd-peinliche Liebesdrama mit der irischen Tänzerin Lola Montez, derentwegen er 1848 abdanken musste. Ludwig I. (›der bayrische Schwan‹) verfasste auch zahlreiche Gedichte, er schrieb wohl jeden Tag eines. Kostprobe:

An die Bayern
Biedres Volk, in angestammter Treue
Hältst du an dein altes Fürstenhaus,
Dich verlocket nicht das falsche Neue,
Nicht der Liebe Flamme löscht dir's aus.

Ja! an alter Treue, altem Glauben
Hältst du immer unerschütterlich,
Lässest sie nicht von der Zeit dir rauben,
Treue niemals von den Bayern wich.

Unerschüttert, wenn's von oben stürmet,
Unerschüttert, wenn die Erde bebt,
Wenn sich's feindlich gegen dich auch thürmet;
Nichts dich stürzet, Nichts dich untergräbt.

Heinrich Heine hat auch darüber in seinen ›Lobge-
sängen auf König Ludwig‹ schön abgelästert:

Herr Ludwig ist ein großer Poet,
Und singt er, so stürzt Apollo
Vor ihm auf die Kniee und bittet und fleht:
Halt ein, ich werde sonst toll, o!

Der dichtende König besuchte am 28. August 1827
Johann Wolfgang von Goethe in Weimar, um ihm
(quasi von Kollege zu Kollege) zum 78. Geburtstag
den Verdienstorden der Bayerischen Krone zu über-
reichen. Nach seiner Abdankung lebte Ludwig noch
zwanzig Jahre als Privatmann in Nizza, wo er auch
starb. Von Heimweh ist nichts bekannt.

Bayrische Erfindungen

Taschenuhr

Peter Henlein (* zwischen 1479 und 1485 in Nürnberg, † 1542 ebenda) war Schlossermeister und höchstwahrscheinlich der Erfinder der am Körper tragbaren Uhr. Die mittelalterliche ›Taschenuhr‹ war allerdings noch sehr unhandlich und lief lediglich 40 Stunden.

Tierschutzverein

Johann Ignaz Perner (* 1796 in Ebersberg, † 1867 in München) war ein bayrischer Rechtsanwalt und gilt als einer der Pioniere der weltweiten Tierschutzbewegung. Er gründete 1842 in München einen der ersten Tierschutzvereine der Welt, dem rasch zahlreiche weitere im In- und Ausland folgten. Er korrespondierte mit dem Begründer der modernen Tierethik, Arthur Schopenhauer.

Wiener Würstchen

Johann Georg Lahner (* 1772 in Gasseldorf, jetzt Ebermannstadt im oberfränkischen Landkreis Forchheim, † 1845 in Wien) gilt als Erfinder der Wiener Würstchen, die er selbst jedoch als Frankfurter bezeichnete und als solche in seinem Wiener

Fleischerladen verkaufte. Fränkisch heißen sie ›Wienala‹, sie wurden 1805 das erste Mal angeboten. Zum 200-jährigen Geburtstag der Würstchen bedauerte der Bürgermeister von Ebermannstadt, dass Lahner damals bei der Bezeichnung der Wurst nicht an seine Heimat gedacht hat. Dann würden die Wiener nämlich weltweit ›Gasseldorfer‹ heißen. Vielleicht auch ›Ebermannstädter‹. (Ob sie sich damit in Peking und Chicago durchgesetzt hätten?)

Tempo-Taschentuch
1929 ließen die Vereinigten Papierwerke Nürnberg das Warenzeichen ›Tempo‹ beim Reichspatentamt in Berlin anmelden. Die Idee dazu schreibt man dem damaligen jüdischen Mitinhaber Oskar Rosenfelder zu, der 1933 nach England emigrieren musste.

Docs
Die Doc Martens oder Dr.-Martens-Schuhe mit der Luftpolstersohle wurden von Klaus Maertens im Jahre 1947 in Seeshaupt am Starnberger See entwickelt. Er war Arzt in der deutschen Wehrmacht. In entwaffnender Offenheit schildert er, wie ihm die Idee dazu kam:

»Der Krieg ging zu Ende und jeder stürmte nach draußen und begann zu plündern. Doch während die meisten Leute nach Wertgegenständen wie

Schmuck und Pelzen suchten, suchte ich mir einen Leisten, etwas Leder, Nadeln und Nähfäden und machte mir daraus ein Paar Schuhe mit den dicken luftgepolsterten Sohlen, die ich mir ausgedacht hatte.«

Die Docs sind die Kultschuhe verschiedener gegensätzlicher Underground-Kulturen. Waver, Goths, Punks und Skinheads tragen sie weltweit.

Mensch ärgere Dich nicht

Das Spiel geht zwar zurück auf ein altes indisches Spiel namens Pachisi, doch in seiner heutigen Form wurde es 1907 von dem Amberger Josef Friedrich Schmidt in einer Werkstatt in München-Giesing erfunden. 1914 wurde das Spiel erstmals in einer Serie von 3000 Exemplaren aufgelegt. Bis heute fehlen Schmidt Spiele in keinem Kinderzimmer.

Pils

Obwohl man geneigt ist, gerade diese Biersorte eher auf norddeutschen Tresen zu verorten, wurde es tatsächlich von einem Bayern erfunden, von Joseph Groll (* 1813 in Vilshofen, † 1887 ebenda). Er arbeitete in der Mitte des 19. Jahrhunderts im Bürgerlichen Brauhaus zu Pilsen. Dort wurde er beauftragt, eine neue, untergärige Biersorte zu brauen. Am Martinstag 1842 schließlich wurde das ›Pilsener Bier‹ erstmals in drei Pilsener Gasthöfen ausgeschenkt. Von hier aus trat es seinen Siegeszug um die ganze Welt an und steht noch heute als Original für das Pils.

Globus
Martin Behaim (* 1459 in Nürnberg, † 1507 in Lissabon) war Tuchhändler und hat 1492, im Auftrag des Nürnberger Rates und unter Mitarbeit von mehreren Nürnberger Handwerkern, den Bau des ältesten noch erhaltenen Globus der Welt angeregt und geleitet: ›Martin Behaims Erdapfel‹ – ohne Amerika, das wurde erst 1492 entdeckt.

Die G'mütlichkeit und die R'kordsucht
Zwei gegensätzliche bayrische Befindlichkeiten

Auch dieses Büchlein scheint es zu bestätigen: Was er auch immer macht, der Bayer, er versucht, Rekorde zusammenzutragen. Er will der Meister der Rekorde werden. Meistens ist er sogar Rekordmeister. Woher kommt das? Mit Süddeutschland und speziell Bayern wird doch ganz im Gegenteil immer eine gewisse langsame Gangart, eine beschauliche Wurstigkeit, die oft zitierte ›Gemütlichkeit‹ in Verbindung gebracht.

Wie geht das zusammen? Das geht sehr wohl zusammen, das eine kommt ohne das andere wahrscheinlich gar nicht aus. Gemütlichkeit kann vermutlich nur inmitten großer Hektik gedeihen. Im Lied vom Alten Peter heißt es:

♫ Solang da drunt am Platzl
noch steht das Hofbräuhaus,
so lang stirbt die Gemütlichkeit
in München niemals aus.

Hofbräuhaus? Platzl? Es gibt keine heißlaufendere und hektischere Stadt als München. Die teuersten Wohnungen, die besten Jobs, die steilsten Bierumsätze. Ein beschleunigter Authentik-Bummel auf dem Viktualienmarkt. Kulturelle Events ohne Ende. Eine schnelle Tagesspritztour in die Alpen. In drei Stunden am Gardasee. Föhn, bis der Arzt kommt. Zurück mit Tempo 200 auf der A95. Hinein ins Biergartengedränge. Schnell vor der Sperrstunde noch ein Weißbier gezischt. Riesenwiesngaudi mit neuem Besucherrekord … Und gerade auf der hektischsten aller Veranstaltungen, der Wiesn, wird die Gemütlichkeit fast liturgisch wiederkehrend, mehrmals in der Stunde, forte fortissimo und in allen Bierzelten beschworen:

♫♫♫ »Ein Pro-sit, ein Pro-sit der Gemü-tlich-keit,
tata tam tam tam tam tam tam …
ein Prooo-sit, ein Prooo-hooo-sit
der GEMÜÜÜ-TLICH-KEIT!
(gebrüllt:) Oans, zwoa, g'suffa!«

Mit solchen verzweifelten Lobpreisungen haben die alten Kelten bei ihren Riten wohl den Gott Dagda (›der Rothaarige mit dem großen Wissen‹) angerufen. Man beachte das absteigende, langsamer werdende Gemütlichkeitsmotiv tata tam tam tam tam tam tam …, das in den Bierkeller, ins Unterbewusste oder wohin auch sonst führen mag. Gerade dieses lärmende kleine Trinkliedchen hat übrigens dazu beigetragen, den Begriff ›Gemütlichkeit‹ international zu verbreiten, einen deutschen Begriff, für den es auf der ganzen Welt wohl keine ganz wörtliche Übersetzung gibt. (Außer im Dänischen, flüstert mir der Heimatpfleger meines Vertrauens gerade zu. Dort heißt die Gemütlichkeit *hygge*, und gemütlich ist *hyggelig*.)

Die Gemütlichkeit und die Liebe zum Rekord sind für den Bayern also überhaupt kein Widerspruch. Es sind lediglich zwei Seiten einer Medaille. Ein Wiesnforscher hat es einmal ausgerechnet. Wenn ein Wiesn-Bierzelt mit 7000 Menschen voll besetzt ist und jeder nach dem Prosit-der-Gemütlichkeit-Anstoßen einen Schluck trinkt, dann steigt der Absatz um drei bis vier Hektoliter pro Zelt. 3,5 Hektoliter mal 14 Wiesnzelte mal 12,5 Stunden Öffnungszeiten mal 6 Prosits pro Stunde mal 14 Wiesntage, das macht zusammen bei einem Maßpreis von 10,40 Euro …

Bayern ist ein sportversessenes Land. Und auch der Sport verbindet G'miat und R'kord mühelos. Den gemütlichen Fernsehsesselanteil übernehmen dabei die Zuschauer, den Stress die Profis. Gerade im Wintersport purzeln die Rekorde, und sie können dort beliebig multipliziert werden. Die immer neuen Kombinationen aus den Kombinationen von Ski-, Bob- und Rodelsportarten führen sicher einmal zum nordischen Zehnkampf oder zum Eishockey mit abgestuften Gewichtsklassen. Man kann es in den Wikipedia-Einträgen von bayrischen Städten und Gemeinden in der Sparte ›Persönlichkeiten‹ studieren. Vom Mittelalter bis etwa 1953 sind dort meistens Erfinder, Komponisten, Denker, Bürgermeister und Seefahrer erwähnt. Dann aber war wohl alles erfunden, komponiert, durchdacht, geregelt und umschifft. Etwa ab dem Geburtsjahrgang 1953 sind dort hauptsächlich Sportler verzeichnet, ab 1970 in manchen Orten ausschließlich diese. (Quelle: Wikipedia-Eintrag ›Garmisch-Partenkirchen‹, Abschnitt ›Söhne und Töchter der Gemeinde‹.)

1973 verklagte ein britischer Tourist seinen Reiseveranstalter, weil seine Pauschalreise in die Schweizer Alpen unter anderem nicht die im Werbeprospekt angekündigte ›Gemütlichkeit‹ beinhaltet habe. In juristischen Fachkreisen ist der Fall als ›Jarvis v Swans Tours Ltd‹ bekannt. In Bayern gibt es darüber bisher keine Klagen.

Georg Simon Ohm
* 1789 in Erlangen, † 1854 in München
Pfiffiger Physiker, Erfinder des Widerstandes

Carl Orff
* 1895 in München, † 1982 ebenda
Kompositorische Wuchtbrumme, Riesenklangkörper, Monumentalmusiker. Seine Musik ist Musik in Großbuchstaben. Die *Carmina Burana* (daraus vor allem der Chor *O Fortuna*) scheint die perfekte Film- und Fernsehmusik zu sein. Nur eine kleine Auswahl von Carmina-Burana-Einsätzen: *How I Met Your Mother*, *Die Simpsons*, *Agenten mit Biss*, *Shrek*, *Mein verschärftes Wochenende*, *Meine himmlische Verlobte*, *Die wilden 70er*, *Natural Born Killers*, *Wehrlos – Die Tochter des Generals*, *Die 120 Tage von Sodom*, *Herr Ober!* und vor allem: *Excalibur* (beim Ausritt von König Artus mit seinen Getreuen zum Kampf gegen Mordred). Auch bei den ersten Boxkämpfen von Henry Maske dröhnte *O Fortuna* als Einlaufhymne. Nach der Uraufführung 1937 schrieb Orff an seinen Musikverleger:

»Alles, was ich bisher geschrieben und was Sie leider gedruckt haben, können Sie nun einstampfen! Mit Carmina Burana beginnen meine gesammelten Werke!«

Jean Paul
* 1763 in Wunsiedel, † 1825 in Bayreuth
Wilder Wortakrobat, kunstvoll irrlichternder Geist, dabei einer der ersten Berufsschriftsteller. Meister der Abschweifung, Metaphernballung und sich gegenseitig im Weg stehenden Einfälle. Im Erscheinungsjahr 1804 der *Flegeljahre* schreibt ein unbekannter Rezensent:

>»Welch ein Chaos von reifen und unreifen Kenntnissen, – von Brocken aus allen Fächern der Gelehrsamkeit, … von echtwitzigen … und platten Einfällen – von erhabenen, tiefgedachten und seichten, falschen Gedanken – von schönen und zarten, – kränklichen und überspannten Gefühlen – überhaupt von Trefflichkeiten und Bizarrerieen jeder Gattung in den Schriften dieses genialen, originellen Schriftstellers!!«

Bei den Romanen von Jean Paul braucht man jedenfalls keine Sorge zu haben, dass sie irgendwann einmal mit Uschi Glas oder Christine Neubauer verfilmt werden.

Michael Mathias Prechtl
* 1926 in Amberg, † 2003 in Nürnberg
Malender Begleiter der Weltliteratur, präziser Farb-
geber, Pinselquerulant, ›Spiegel‹-Titelblatt-Zeichner.
Ausgerechnet zum 175. Jahrestag des Oktoberfestes
zeigte er Hitler und Lenin zusammen auf der Wiesn.
Das führte zu reflexartig heftigen Protesten der CSU.

Adam Ries(e)
* 1492 oder 1493 in Staffelstein, Oberfranken,
† 1559 in Annaberg oder Wiesa
Überkopfrechner, sorgte mit seinen Hilfestellungen
dafür, »daß der arme gemeine man ym Brotkauff
nicht vbersezt (= über den Tisch gezogen) würde«

Eugen Roth
* 1895 in München, † 1976 ebenda
Heiterer Versdichter.

> »Vom Ernst des Lebens halb verschont
> ist der schon, der in München wohnt.«

Franz Josef Strauß
* 1915 in München, † 1988 in Regensburg
(auf dem Weg zur Hirschjagd)
Stiernackiger Zündler und Politrabauke, dankbare
Vorlage für Kabarettisten. Eine seiner anderen Büh-
nen war der Politische Aschermittwoch (nach 1953

im niederbayrischen Vilshofen, ab 1975 in Passau) mit spektakulären Inszenierungen und mehrstündigen, frei gehaltenen Reden. Er hat wie kein anderer das Bild des schweinsgesichtigen, rotzgroben Bayern geprägt. Eine Vielzahl von politischen und privaten Affären hat ihm nicht geschadet. Ein Schock für alle Linken: sein Treffen mit dem Großen Vorsitzenden Mao Tse-tung 1975.

Ein paar Sprüch':

»Von Bayern gehen die meisten politischen Dummheiten aus. Aber wenn die Bayern sie längst abgelegt haben, werden sie anderswo noch als der Weisheit letzter Schluss verkauft.«
»Ich bin zwar für eine gesunde Partnerschaft mit Frankreich, sie darf aber nicht in ein Verhältnis ausarten wie zwischen Firmling und Bischof.«
»Ich weiß, daß ich ein führendes Mitglied des Vereins für deutliche Aussprache bin.«
»Feind, Todfeind, Parteifreund.«
»Das beste Grün ist weiß-blau.«
»Sitzung ogsetzt, highetzt, abghetzt, ausanandergsetzt. Tagesordnung festgsetzt, wieder abgsetzt. Kommissionen eigsetzt, umbsetzt, gschwätzt, nix gsagt, vertagt, z'letzt neu ogsetzt. Vui san zsammakumma, nix is rauskumma, Sitzung umma.«

Richard Strauss

* 1864 in München, † 1949 in Garmisch-Partenkirchen

Rosenkavalier, Kunstbürger, Alpensinfoniker und Spätromantiker, Anekdoten- und Sprüchelieferant en gros:

> »Was ein richtiger Musiker sein will, der muss auch eine Speisekarte komponieren können.«

Über Gustav Mahlers Adagietto (bekannt aus dem Visconti-Film *Tod in Venedig*) schreibt er an den (böhmischen) Komponisten:

> »Ihre 5te Sinfonie hat mir neulich in der Generalprobe wieder große Freude bereitet, die mir nur durch das kleine Adagietto etwas getrübt wurde. Dass dasselbe beim Publikum am meisten gefallen hat, geschieht Ihnen dafür auch ganz recht.«

Ludwig Thoma

* 1867 in Oberammergau, † 1921 in Rottach am Tegernsee

Schreibender Jurist mit Blick für die rechte Pointe. Zum Ende hin: Abzüge in der B-Note. Hat drei unverwüstliche Bavarica hinterlassen: den Bauernschwank *Erster Klasse*; die *Lausbubengeschichten* und die *Heilige Nacht*, Höhepunkt jeder Bethlehem-Rallye von Schauspielern und Vorlesern:

Im Wald is so staad,
Alle Weg san vawaht,
Alle Weg san vaschniebn,
Is koa Steigl net bliebn …

Das ist nach *O Fortuna* das andere Extrem des bayrischen Gemüts. Und wieder sind sie beieinander: Die Hybris und die Gemütlichkeit.

Über den bayrischen Witz

Da Kari und da Lucki gehn in der Früh sternhaglblau von einem Faschingsball heim und kommen aus Versehen in an Trauerzug eini. Wias a Zeitlang mitganga san, sagt da Kare: »Da siegst es einmal wieder. Heutzutag haben die Leut ein ganz anderes Verhältnis zum Humor.«

Der Kare und der Lucki (schon wieder ein Ludwig!) sind beliebte bayrische Witzfiguren. Sie sind vergleichbar mit dem Kölner Paar Tünnes und Schäl, sie sind jedoch noch vorstädtischer, halbschaariger und hinterfotziger. Man kann ihnen nicht trauen. Ihre Pointen bleiben oft hängen, ›reißen ab‹, und man muss sich seinen Teil dazu denken.

Der Kare schmeißt bei der Beerdigung ein Packerl Leberkäs ins offene Grab von einem Spezl. »Spinnst du?«, sagt der Lucki. »Der hat doch jetzt nix mehr davon!«
»Ach so!«, sagt der Kari. »Aber deine Blümerl stellt er schon in die Vasen, oder?«

Der Bayer liebt solche Pointen. Solche, die nicht krachend explodieren und wieherndes Gelächter erzeugen, sondern über die man sogar ein, zwei Pfeifenzüge nachdenken muss.

»Dann seids ja zu sechst!«, hat dersell[3] Lehrer gesagt, wie der Bua erzählt hat, dass er noch zwei Brüder und jeder a Schwester hat. »Na, zu viert!«, hat der Bua gsagt und hat glacht.

---

3 Diese absonderliche altbayrische Wortbildung ist kaum zu verschriftdeutschen. ›Dersell Lehrer‹ bedeutet nicht etwa ›derselbe Lehrer‹, am ehesten könnte man es mit ›ein gewisser Lehrer‹ übertragen. Die in Südbayern gebräuchlichen Richtungsbestimmungen ›sell‹, ›söll‹ und ›sei‹ im Sinne von ›dort‹, ›da‹, ›da drüben‹ könnten auf das mittelhochdeutsche Wort ›selida‹ (Ort, Haus, Herberge, Wohnung, Platz) zurückgehen. (Der Scherzspruch: »Sei an da sein Sei sei san seine Sei.« bedeutet: »Dort an da dortigen Säule dort sind seine Säue.«) ›Dersell Lehrer‹ wäre dementsprechend der Lehrer an einem bestimmten Platz. – Vielleicht ist *dersell* aber auch nur pures Wortgeklingel, und man könnte es ungestraft mit *der* übersetzen.

Auch die Beliebtheit des Sprachjongleurs Karl Valentin rührt unter anderem daher, dass er solche pointenlosen Szenen geschrieben hat. Pointenlos nicht in dem Sinn, dass sie witzlos sind. Er brennt die Pointen nicht mit einem belehrenden, besserwisserischen Feuerwerk ab, das man Sekunden später schon wieder vergessen hat. Er haut sie dem Publikum nicht um die Ohren, sondern lässt sie lässig, fast gelangweilt fallen, strategielos, enthemmt, sie rutschen ins Bodenlose der Absurdität. In der Spielszene *Der Vogelhändler* liefert Karl Valentin einen leeren Vogelkäfig in die Wohnung von Liesl Karlstadt. Man weiß eigentlich schon, auf was es hinausläuft. Das ist auch nicht wichtig. Es geht um die blanke Absurdität der Situation. Bei *Semmelnknödeln* spielt sich der Witz auf noch engerem Raum ab. Schon der Titel verrät die Pointe und entlarvt sie somit als unwichtig. Seine Wortspiele sind quälerisches Kitzeln. Brecht sprach von Valentins »blutigem Witz«. Der Ire Samuel Beckett beginnt einen Roman mit dem Satz:

> »Die Sonne schien, da sie keine andere Wahl hatte, auf nichts Neues.«

Der Nobelpreisträger war ein großer Bewunderer von Karl Valentin, sie haben sich 1937 auch getroffen, in Valentins Münchner ›Grusel- und Lachkeller‹, wohl auf Betreiben von Beckett, der von Valentins Sprachakrobatik fasziniert war. Becketts Kommentar dazu lautete: »Really crazy. [...] Ich habe viel und voll Trauer gelacht.« Und wenn das ein depressiver Kauz von einem anderen sagt, dann muss schon was dran sein. Der dritte große Humorist des 20. Jahrhunderts, der Böhme Franz Kafka, der hat die beiden wohl nie kennengelernt, aber gepasst hätte es schon.

Karl Valentin ist keine Einzelerscheinung. Die Volkssängertradition blühte in der ersten Hälfte des 20. Jahrhunderts, und mit dem Simplicissimus (der satirischen Zeitschrift) und dem Simpl (der Schwabinger Bühne), beide stramm gegen die wilhelminische Moral gerichtet, begann auch das bayrische Kabarett. Es feierte große Erfolge, bis heute, denn der Bayer, auch der nüchternste unter ihnen, ist theaternarrisch. Nirgends in Deutschland gibt es so viele Bauerntheater und ›Brettl‹, im Süden mehr als im Norden, in den kleinsten Dörfern gibt es welche, oft sogar miteinander konkurrierende. Der Bayer bräuchte eigentlich keinen speziellen Fasching, für ihn herrscht das ganze Jahr Maschkara. Der Bayer bräuchte im Gegenteil eher ein paar Tage, ein Wochenende im Februar, wo er ohne großartige Kostüme auskommt, ohne jeglichen Anflug von Humor, Witz und Ironie. Aber das gibt es ja schon. Es ist die fränkische Fastnacht. (Und schon sind sie wieder ...)

Retrorunning mit Kafka

Jetzt ist er schon mal genannt worden, Herr Dr. Kafka, der Böhme, der ja auf den ersten Blick in einem leberkäseförmigen Bayernbuch verwundern muss. Zwischen 1903 und 1916 hat er sich allerdings mehrfach in München aufgehalten. 1903 wollte er an der Münchner Uni studieren, 1911 unternahm er mit seinem Freund Max Brod eine nächtliche Faschings-Blitztour durch die Stadt. 1916 gab er in der Galerie Goltz (Briennerstraße 8) eine seiner wenigen Lesungen. Und was war im Jahre 1915? Folgende Szene dieses Aufenthalts ist nicht überliefert:

Der Zoiglmayer Rudi aus Cham in der Oberpfalz hat eine Vorladung vors Gericht bekommen, wegen einer Zeugenaussage. Er ist pünktlich erschienen, hat aber den Gerichtssaal nicht gefunden, und niemand hat ihm sagen können, in welchem Raum die Verhandlung ist. Eine Stunde oder zwei ist er herumgelaufen, die Haxen haben ihm weh getan, schließlich hat er nicht mehr zurückgefunden. Keiner von den Beamten und Gerichtsdienern hat Bescheid gewusst. Die Gänge sind immer menschenleerer geworden, zum Schluss hat er gar niemand mehr angetroffen. Auf den Boden hat er sich gesetzt und derb und gotteslästerlich geflucht, dersell Zoiglmayer Rudi. Als er aber den Kopf gedreht hat, sieht er am Ende eines langen Ganges ein Licht, er hört auch jemand sprechen. Er springt auf und läuft hin. Es ist ein Mann in einer Wächteruniform, der mit dem Rücken zu ihm steht und durch eine offene Tür auf die Straße hinausschreit:

»Hier konnte niemand sonst Einlass erhalten, denn dieser Eingang war nur für dich bestimmt. Ich gehe jetzt und schließe ihn.«

Der Wächter will die Tür grade zumachen, da plärrt der Zoiglmayer Rudi:

»Halt, lass mich noch schnell naus, bevor du zusperrst!«

Der Wächter hat sich umgedreht und ist furchtbar erschrocken.

»Wo kommst du denn her?«

Nach langem Hin und Her hat der Wächter den Zoiglmayer dann doch hinauslassen. Der hat schnell gesehen, dass er in einem ganz anderen Stadtteil herausgekommen ist. Und weil es inzwischen schon dunkel war, ist er in seine Stammwirtschaft gegangen.

»Und, wie wars beim Gericht?«, fragt ihn einer von seinen Spezln.

»Fad«, sagt der Zoiglmayer. Er hat die ganze Geschichte erzählt. Am Tisch daneben ist ein schwarzaugerter Mann mit abstehenden Ohren gesessen und hat ab und zu interessiert rübergeschaut. Der Zoiglmayer hat sich da noch nichts dabei gedacht, aber genau diese sonderbare und typisch bayrische Geschichte, die er da erzählt hat, ist später, ein bisserl abgeändert, in einer Prager Zeitung gestanden und als typisch böhmisch verkauft worden.

Große bayrische Komiker

Das Theatrale, das Komödiantische, das den Bayern eigen ist, befähigt sie, auf den Brettern und vor der Kamera Großes und Witziges zu leisten. Weiß Ferdl, Ida Schumacher, Karl Valentin, Bully Herbig – wer zählt die Namen, nennt die Pointen? Mit dem letzten Münchner Oberbürgermeister Christian Ude hat es sogar einen Kabarettisten gegeben, der im Nebenberuf Politiker war. Eine Liste nur der wichtigsten bayrischen Comedians würde dreißig Seiten füllen. Aus Platzgründen beschränken wir uns auf eine Komödiantentruppe, die in ihrer über 150-jährigen Geschichte viele Menschen zum Lachen gebracht hat. Taaraa! Es ist –

Der TSV 1860 München

Der Turn- und Sportverein München von 1860 e.V., kurz TSV 1860 München, oft auch als Löwen, Sechzig oder D'Sechzger bezeichnet, ist im Stadtteil Giesing beheimatet. 1966 wurden sie Deutscher Fußballmeister, mit dabei waren Rudolf ›Rudi‹ Brunnenmeier (* 1941 in Olching, † 2003 in München), Petar ›Radi‹ Radenković (* 1934 in Belgrad) und der Trainer Max Merkel (* 1918 in Wien, † 2006 in Putzbrunn, Oberbayern). Seit man denken kann, bestreiten die Sechziger Abstiegsspiele, doch ihre launigen Sprüche tragen immer wieder viel zur Unterhaltung bei.

Thomas Häßler
(Weltmeister 1990; bei Sechzig 1999–2003)

»Wir wollten in Bremen kein Gegentor kassieren. Das hat auch bis zum Gegentor ganz gut geklappt.«

Rudi Völler
(Weltmeister 1990 und Bundestrainer; bei Sechzig 1980–1982)

»Zu fünfzig Prozent stehen wir im Viertelfinale, aber die halbe Miete ist das noch nicht.«

Karl-Heinz Wildmoser senior
(Vereinspräsident; bei Sechzig: immer)

»Wir haben eine Abstiegsversicherung.«
»Wir hatten ein bisserl Pech. Das kommt, wenn man kein Glück hat.«

Radi
(Torwart, Deutscher Meister 1966, bei Sechzig 1962–1970; hier über seinen ersten Wiesn-besuch:)

»Wir saßen im Bierzelt, links von mir der Rudi Brunnenmeier, er trank drei Maß, rechts der Stemmer Fonsi, der kam auf sieben Maß. Ich dachte mir, um Himmels willen, was ist denn das für eine Mannschaft.«

Jimmy Hartwig
(Nationalspieler und -trainer, Theaterschauspieler, Teilnehmer beim Dschungelcamp; bei Sechzig 1974–78)

»Christoph, lass das Koksen sein. Das macht den Kopf hohl. Ich weiß, von was ich rede!«

Max Merkel
(Trainer, Deutscher Meister 1966, bei Sechzig mit
Unterbrechungen 1962–1977)

»Ich hab im Training die Alkoholiker gegen die
Nicht-Alkoholiker spielen lassen, die Alkoholiker
haben 7:1 gewonnen, hob i gsogt: saufts weiter,
Buam.«
»Der Diego Maradona kann aus einer Entfernung
von 50 Metern mit dem Ball eine Telefonnummer
wählen.«
»Der Österreicher glaubt mit 18, er sei Pelé. Mit
20 glaubt er, er sei Beckenbauer. Und mit 24
merkt er, daß er Österreicher ist.«
»Die Funktionäre wissen nicht einmal, daß im
Ball a Luft ist. Die glauben doch, der springt, weil
ein Frosch drin' ist.«

Der Bayrische Defiliermarsch

Den explosionsartigen ersten Takt des Bayrischen
Defiliermarsches kennt jeder. Das berühmte Humpf
tschaka taaa! dürfte inzwischen zum immateriellen
Weltkulturgut gehören. Meist hat man auch noch
ein bestimmtes Bild dazu vor Augen: Dampfende

Maßkrüge, zitternde Gamsbärte, ein Ministerpräsident mit sichtbar hohem Blutdruck erscheint im Saal. Der Bayrische Defiliermarsch wird oft als die *heimliche* Landeshymne bezeichnet. Das ist plausibel, denn die *offizielle* Bayernhymne ♫ »Goooott mit diiir, du Laaand der Bayern« klingt so verschnarcht und betulich, dass sie inzwischen eigentlich nur noch zur harmonisierenden Sendeschlussmusik des Bayrischen Fernsehens taugt. Wenn Vati und Mutti sich gähnend anschicken, zu Bett zu gehen, mag dieser Schleichmarsch passen. Aber sonst? Zudem ist die staatstragende Bayernhymne von der Biermösl Blosn so herzhaft nachhaltig verhunzt worden (»Gott mir Dir, Du Land der BayWa, deutscher Dünger aus Phosphat«), dass man sie gar nicht mehr singen kann, ohne an die Parodie zu denken. Der textlose Bayrische Defiliermarsch hingegen ist schon rein musikalisch gesehen origineller und frischer, der erste Takt ist ein in vier Töne gepacktes *Auf gehts!* oder *Packen wirs an!* Das eröffnende Humpf tschaka taaa! zeigt auch schon, in welcher Gegend die Musi spielt. Die lebhafte Akkordbrechung nach oben ist ein typisches Element der voralpenländischen Musik, ein kleiner Jodler sozusagen. Dreidullijö, Humpftschakataaa, Packen wirs an. Komponiert wurde der muntere Kracher im Jahre 1850 von einem Ingolstädter Militärmusiker namens Adolf Scherzer. Er nannte ihn zunächst den

›Ingolstädter Parademarsch‹ und hat ihn dem Königlich Bayerischen 7. Infanterie-Regiment ›Carl v. Pappenheim‹ gewidmet. Angeblich soll ihn später Ludwig II. höchstpersönlich zum *Bayerischen Avancier- und Defiliermarsch* geadelt haben. Und darüber hinaus soll er auch noch der Lieblingsmarsch des Märchenkönigs gewesen sein.

Wie auch immer, das Stück errang vor allem im Krieg des Deutschen Bundes gegen Preußen (1866) und im Deutsch-Französischen Krieg (1870/71) große Popularität. Es ist zwar ein Militärmarsch, der erwähnte erste Takt hat aber eigentlich nun gar nicht die Anmutung des militärisch straffen Losmarschierens, sondern die des federnden, freudentaumelnden Hochhüpfens. Richtig zackige Märsche zum Umhermarschieren, Einmarschieren, Abmarschieren, Durchmarschieren haben eher die Preußen geschrieben, und das gleich haufenweise. Beispielhaft sei hier ›Preußens Gloria‹ genannt, komponiert im Jahr 1871 von dem Schweriner Musikdirektor Johann Gottfried Piefke. (Ja, der hieß wirklich so.) ›Preußens Gloria‹ klingt wie ein paar schallende Ohrfeigen, der Bayrische Defiliermarsch hingegen hat etwas Unrundes, fast Walzerähnliches, es ist ein Elefantenmarsch, ein Affenmarsch, wie geschaffen für den Zirkus, für den Staatszirkus eben. Was wiederum zum Zirkusbayern passt. Der Marsch ist heutzutage folgerichtig die Auftrittsmusik des Bayrischen Minis-terpräsidenten beim Politischen Aschermittwoch. Die Ministerpräsidenten marschieren eigentlich auch gar nicht ein, sie wanken herein, besoffen vom Gegröle des Publikums. Kaum einer denkt mehr ans ›theure Vaterland‹ und dessen Verteidigung, sondern an den zu erwartenden ersten Schluck aus der Stark-biermaß.

Zudem lassen sich noch weitere musikalische Fein-und Eigenheiten entdecken. Im zweiten Takt findet sich keine simple Wiederholung:

> Humpf tschaka taaa,
> humpf tschaka taaa …

Das taaa wird vielmehr synkopisch, fast jazzig ge-bunden, das Humpf verschwindet:

> Humpf tschaka taaa ⌢
> ⌢aaa tschaka taa …

– was die gauklerische, taumelnde Anmutung nur verstärkt. Der Bayrische Defiliermarsch ist Jodler, Zirkusknaller, Militärmarschparodie und Durstma-cher gleichzeitig. Ludwig II. als Liebhaber schmis-siger Märsche? War er nicht ein Verehrer Richard Wagners? Und tatsächlich: Der nicht minder theatralische und hochdramatische ›Walkürenritt‹ am Anfang des Rings der Nibelungen (komponiert 1851) beginnt mit einer ähnlichen musikalischen Figur wie der Bayrische Defiliermarsch, der nur ein Jahr davor entstand. Hat sich Wagner hier – höflich ausgedrückt – inspirieren lassen? Man sieht es auch ohne Notenkenntnisse, in einem Fall beginnt der Götterreigen, im anderen Fall der Staatszirkus:

Humpf tschaka taaa – Hojotoho!

Bayrische Musik

Der bekannteste bayrische Musiker ist immer noch Alois Hingerl, seines Zeichens Dienstmann Nr. 172 auf dem Münchner Hauptbahnhof, der nach seinem Tod in den Himmel kommt und sich dort in den unwilligen harfespielenden Engel Aloisius verwandelt. Durch sein lautstarkes Frohlocken –

♫ »Ha-ha-lä-lä-lu-u-uh – – Himmi Herrgott – Erdäpfi – Saggerament – – lu – uuu – iah!«

– wird sogar Gott auf ihn aufmerksam. Was will man eigentlich mehr als Musiker.

Böhmische Harfe, Mittenwalder Zither und Salzburger Hackbrett werden zwar im Zusammenhang mit bayrischer Volksmusik immer wieder genannt, die führende Rolle wird jedoch der Basstuba zugeschrieben. Sie ist gemütlich, kraftvoll, beleibt, bierig-bärig-›basic‹, matt golden königlich glitzernd, sie strahlt Vertrauen aus, man scheint sich auf sie verlassen zu können. Vor allem aber weiß sie sich in Szene zu setzen, sie fällt auf. Sie ist allerdings auch ein bisschen unbeweglich. Die Basstuba scheint also viele bayrische Eigenschaften und Befindlichkeiten auf sich zu vereinen. Sogar in der Form ähnelt der Umriss einer Tuba der Silhouette von Bayern:

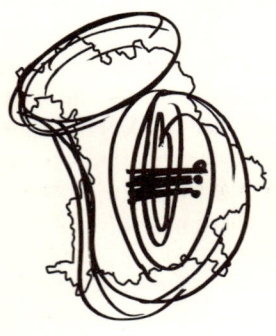

Der bayrischen Volksmusik wird jedenfalls eine ähnliche Schlichtheit wie dem bayrischen Essen nachgesagt. Gibt es also lediglich Hmpftatas, Schrummschrumms und Stampftänze? Wenn man sich die zeitgenössische Film- und Fernsehmusik anhört, gewinnt man schon diesen Eindruck. Sobald ein paar Gipfelkreuze, Gamsbärte oder Biergärten ins Bild kommen, landlerts gewaltig: Die Basstuba blökt los, die Trompete schmettert, die Klarinette muckelt auf. Und die Zither wimmert. (Für den Frankfurter Musiksoziologen Theodor W. Adorno war die Mittenwalder Zither nachgerade das Ding- und Klingsymbol für die allerunterste musikalische Schublade.) Wenn Bilder von Bayern gezeigt werden, hat man immer den Eindruck, als ob im Hintergrund ein paar angeschickerte Dorfmusikanten säßen und sich einen abdudelten. Der Landler ist der Wolpertinger unter den Musikgenres.

Ludwig van Beethoven (abermals ein Ludwig!) war ganz bestimmt kein Bayer, ganz im Gegenteil, etwas Unbayrisheres als Beethovenmusik gibt es gar nicht. Der Wiener Rheinländer hat sich 1808 in der Sinfonie Nr. 6, der *Pastorale*, über Landler und ländliche Musik lustig gemacht. Im ersten Satz mit der programmatischen Überschrift *Erwachen heiterer Empfindungen bey der Ankunft auf dem Lande* dröhnt der schlichte und immer gleichbleibende Brummbass, der dem Werk trotz all der hehren Klassik etwas Unbeholfen-Ordinäres gibt. Im dritten Satz *(Lustiges Zusammensein der Landleute)* karikiert Beethoven eine Dorfkapelle, mit dem eintönigen Schrummschrumm des Fagotts oder durch Instrumenteneinsätze, die nicht ganz den klassischen Kompositionsregeln entsprechen. Der Landler ist der Bauerntölpel unter den Musikgenres.

Dabei ist der alpenländische Landler eine ehrenwerte Musikgattung. Er bezeichnet eine langsame Melodie im Dreivierteltakt, auch der Tanz selbst wird so bezeichnet. Er hat es nicht in den Kanon der klassischen Turniertänze geschafft. Vielleicht stammt der

Landler aber von der feinen Ecossaise ab, einem schottischen Rundtanz im 3/4-Takt (frz. écossaise = schottisch). Wie käme der Landler aber von den Highlands bis nach Bayern? Irgendeinen Zusammenhang muss es da geben, denn in der Familie der Schuhplattler findet man neben dem ›Reit-im-Winkler‹ und dem ›Werdenfelser‹ auch einen sogenannten ›Schottischen‹. Unklar ist auch die Herkunft des Wortes Landler. Vielleicht ist der Tanz im oberösterreichischen ›Landl‹ entstanden, in diesem Fall läge wiederum eine Übernahme aus dem kulturell nicht freundlich gesinnten Ausland vor. Da der Landler von der Gesamtchoreographie her jederzeit in einen Jodler oder Schuhplattler übergehen kann (manchmal auch in eine zünftige Kirchweihschlägerei), steht der *Land*ler vielleicht im Gegensatz zu den Tänzen in der Stadt, wo Komplizierteres und Ausgeklügelteres aufs Parkett kommt, eine gespreizte Ecossaise zum Beispiel. Schließlich wäre eine italienische oder französische Herleitung des Wortes Landler ebenfalls möglich (lento, lent = langsam), das lateinische lentus hat sogar die Bedeutungen von zäh, gleichgültig, klebrig – eine erneute freche Charakterisierung des bayrischen Wesens? Der musikalische Vortragsausdruck *lento* bedeutet wiederum: »langsam, aber nicht so gewichtig wie ein largo«. Also schon wieder etwas Untergeordnetes.

Gibt es nun einen bayrischen Komponisten, der diese Form der Tanzmusik seriös und nicht herablassend behandelt hat? Meiner Ansicht nach schon. Es ist Richard Strauss. Seine *Walzerfolge Nr. 2* im *Rosenkavalier* trifft den ländlichen Ton, ohne ihn abzuwerten. Das Stückchen dauert nur achteinhalb Minuten, man sollte es sich auf jeden Fall durchgehend anhören. Es geht richtig bieder und altfränkisch los, wird aber dann immer schräger und mutwilliger. Kommt das Räuscherl vom Drehen oder vom Schampus? Nach meinem Empfinden steckt viel vom bayrischen Wesen drin: Aus dem Bodenständigen wächst das Verdrehte und Verrückte. Doch nicht nur Richard Strauss, auch der Oberpfälzer Komponist Max Reger ist hier zu nennen, in seinem *Klarinettenquintett A-Dur* muckelt und landlerts schon wieder, dass es eine rechte Freude ist.

Und wo gibt es solche Musik zu hören? Ich meine: Bayrische E-Musik? Abgesehen von vielen Festivals, einer lebendigen Szene der modernen Musik, wurde dafür ein Sendeplätzchen im vielgescholtenen Bayrischen Rundfunk eingerichtet. Der BR-Hörfunk 2 bringt, von Montag bis Donnerstag, immer von 00.15 Uhr bis 2.00 Uhr nachts (also zur besten Sendezeit), das *Concerto bavarese*, mit modernen, postmodernen und postpostmodernen bayrischen Komponisten. Schräge und ungewöhnliche Töne sind garantiert. Eine Empfehlung abzugeben ist unmöglich, denn es kommt darauf an, auf welches E-Sub-Genre man steht: postmodern, minimalistisch, fluxusorientiert, ereignisarm, aleatorisch, meditativesoterisch, retroromantisch … Und jeden Mittwoch läuft eine Sendung mit ausschließlich FRÄNKISCHEN Komponisten. Na also.

Und wie sieht es in der Unterhaltungsmusik aus? Ich meine natürlich in der nicht-tümelnden. Die neue Volksmusik (ein weißer Schimmel, Volksmusik ist immer neu, weil ja auch das Volk immer wieder ein neues ist) ist ausgesprochen offen für fremde Musikstile und vermischt sich mit diesen. Es ist schwer, eine Gruppe oder einen Interpreten herauszupicken. Der Heimatpfleger meines Vertrauens reicht mir eine kurze Liste mit den wichtigsten Urgesteinen: Haindling, der Zither-Manä und Willy Michl. Die Unterbiberger Hofmusik, das sind Vertreter von Crossover-Musik, sie flechten zum Beispiel türkische und indische Musik mit ein. Originelle Bayern-Kreuzer sind auch der Bairisch Diatonische Jodelwahnsinn, die CubaBoarischen (die für eine Wiederbelebung des Cha-Cha-Cha gesorgt haben, Chapeau!), Kofelgschroa, die Wellküren. Und und und.

Schließlich sollte noch Hans Söllner genannt werden, der feste Freie im bayrischen Kulturleben, der unbeugsame Bad Reichenhaller Rebell. Man konnte ihn zum Beispiel immer wieder beim *Chiemsee Summer* hören, einem der größten Reggae-Festivals in Europa: ♫ *Mei Vodda hod an Marihuana-Baam …* Ein Wikipedia-Eintrag zu Söllner lautet: »Besonders stark verschlechterte sich sein Verhältnis zum Rechtsstaat jedoch nach seinem ersten Jamaika-Urlaub im Jahr 1986.«

Wahrscheinlich wegen dem Reggae. Der ewige Schlag auf die ungerade Taktzahl verleidet einem das Grundgesetz enorm.

Große bayrische Verbrecher

Aber auch Grattler, Kleinkriminelle, Halbschaarige, Spitzbuben, ausg'machte Haderlumpen

Andreas Baader
* 1943 in München, † 1977 in Stuttgart-Stammheim (Pistole)
RAF-Terrorist der ersten Generation

Eppelein von Gailingen
* um 1311 in Illesheim bei Bad Windsheim, † 1381 in Neumarkt in der Oberpfalz (aufs Rad gebunden)

Fränkischer Raubritter, nebenbei Rekordhalter im Pferde-Weitsprung

Michael Heigl
* 1816 in Beckendorf, heute Bad Kötzting, † 1857 in München (Eisenkugel)
Opferstockdieb und Kirchenräuber. Wurde 1853 verraten und gefasst, in Straubing zum Tod durch Enthauptung verurteilt. König Max II. wandelte die Todesstrafe in eine lebenslange Kettenstrafe um. Michael Heigl wurde von einem Mithäftling mit der Kugel seiner Fußkette erschlagen.

Franz Xaver Hohenleiter
* 1788 in Rommelsried bei Augsburg, † 1819 in Biberach an der Riß (Tod durch Blitzschlag, seine Leiche wurde nie gefunden)
Der »Schwarze Veri«. Schwäbischer Räuberhauptmann mit vielen spektakulären Raubzügen, alle zwischen 1818 und 1819:
- Einbruch bei Wendelin Nell in Unterweiler. Beute: Fleisch von einem ganzen Schwein, Kleider und Schuhe
- Einbruch bei Anton Behringer im Soldatenhof bei Bellamont. Beute: 10 Maß Branntwein, 70 Pfund Schmalz und Brot im Wert von 39 Gulden
- Diebstahl einer erwürgten 3 Zentner schweren Sau aus einem Stall in Offingen

- Einbruch bei Michael Bosch in Hüttenreute. Beute: 4 Zentner Fleisch aus dem Kamin im Wert von 53 Gulden
- Einbruch bei Peter Büxler zu Wendenreute bei Riedhausen. Beute: 5 Zentner Schweinefleisch.

Der Schwarze Veri war ein Wurstdieb – deshalb galt er beim Volk als Feinschmecker.

Günter Hopfinger

* 1950 in München

Einst einer der besten Geldfälscher der Welt, heute außer Dienst, inzwischen freischaffender Künstler. Damals wurde er der ›Blüten-Rembrandt‹ genannt, weil er 1000-Mark-Scheine mit der Hand nachzeichnete. Strafe: Vier Jahre. Ausstellung seiner ›Werke‹ bei der Banknotendruckerei Giesecke & Devrient.

Georg »Girgl« Jennerwein

* 1848 in Haid bei Holzkirchen, † 1877 am Rinnerspitz in den Schlierseer Bergen (von unbekanntem Täter von hinten erschossen)

Bayrischer Wilderer, Rebell, aber auch bewunderter und besungener Volksheld.

♪ Es war ein Schütz in seinen besten Jahren,
  der wurd' hinweggeputzt von dieser Erd …

Sein Grab ist ein beliebtes Ausflugsziel. Es liegt auf dem Friedhof Westenhofen in Schliersee. Bei einem Besuch am Todestag (6. November) die selbstgewilderte Gams nicht vergessen!

Matthias Klostermayr

* 1736 in Kissing, † 1771 in Dillingen (erdrosselt, anschließend zertrümmert, geköpft und geviertelt)
Genannt der Bayrische Hiasl, Wilderer und Anführer einer ›gerechten‹ Räuberbande. Er ist angeblich das Vorbild für Friedrich Schillers Figur Karl Moor aus *Die Räuber*.

Mathias Kneißl

* 1875 in Unterweikertshofen, † 1902 in Augsburg (Guillotine)
Genannt Kneißl Hias, Räuber Kneißl oder auch Schachermüller-Hiasl. Bayerns beliebtester Räuber, Rebell und Volksheld – quasi der bayrische Robin Hood. Spektakulärer Showdown mit 160 Polizisten gegen einen: Die Kneißl-Schlacht von Geisenhofen am 5. März 1901. Danach wurde er von den Ärzten zusammengeflickt, damit eine ordnungsgemäße Hinrichtung stattfinden konnte. (»Zuagricht, hergricht, higricht.«) Heute ist er in der Region Namensgeber für Familienwanderwege, Ausflugsgaststätten, Biersorten und deftige Speisen. (Wie wäre es mit einer Mathias-Kneißl-Torte? Die Patronen aus

Marzipan – die Hülsen aus Zuckerguss – und das Fallbeil aus Biskuit-Teig?)

Anna Laminit
* um 1480 in Augsburg, † 1518 in Freiburg im Üchtland, Schweiz (wegen verschiedener Vergehen zum Tode verurteilt, ertränkt)
Betrügerin, Hochstaplerin, Hungermärtyrerin. Gab sich in Augsburg als Heilige aus, finanzierte damit ihren Lebensunterhalt. Ernährte sich angeblich nur von den Sakramenten. Kunigunde, die Erzherzogin von Österreich und Herzogin von Bayern-München, fiel zunächst auf sie herein, entlarvte sie aber schließlich.

Ludwig Lugmeier
* 1949 in Kochel am See
Autor und Gangster. Wilde Biographie: Liest als Kind Piratengeschichten, will Verbrecher werden. Versucht in Palermo bei der Mafia anzuheuern. Beginnt im Gefängnis mit dem Schreiben. Gelungener Überfall auf einen Geldtransporter. Spektakuläre Flucht durch das offene Fenster eines Frankfurter Gerichtsgebäudes. Geht als Märchenerzähler nach Berlin. Lebt jetzt als Autor dort. Toll.

Hans Georg Rammelmayr
* 1940 in München, † 1971 in München (erschossen)
Bankräuber, erster Geiselnehmer der Bundesrepublik bei dem spektakulären Überfall auf die Deutsche Bank am 4. August 1971. Er hatte weniger Glück als Lugmeier.

Adele Spitzeder
* 1832 in Berlin, † 1895 in München (Herzversagen)
Sie ist zwar in Berlin geboren, wirkte aber ausschließlich in München als Betrügerin und Wucherin. Erfinderin des Schneeballsystems. Das positive Presseecho erkaufte sie sich durch hohe Bestechungsgelder. Wurde vom Volk trotzdem als Wohltäterin verehrt, wenigstens bis zu einem gewissen Zeitpunkt. (Eine Art umgekehrter Robin Hood: Sie nahm von den Armen und finanzierte die Reichen.)

Anna Margaretha Zwanziger
* 1760 in Nürnberg, † 1811 in Kulmbach (Beil)
Eine der ersten bekannten Serienmörderinnen. Ihre erste Tat: Sie vergiftete ihre Hausherrin mit Arsen, in der Hoffnung, deren Mann ehelichen zu können. Der reagierte nicht entsprechend, also zog sie weiter. Sie versuchte es immer wieder, so vergiftete sie die Frau eines anderen Dienstherrn im Wochenbett. Bei der Gerichtsverhandlung gab sie an, keinerlei Tötungsabsicht gehabt zu haben. Bis heute eine gute Vorlage.

Schöne bayrische Gefängnisse

JVA Landsberg
Der Knast mit der schönsten Fassade. Zurückhaltend klassizierender Jugendstil. Die türkisen Türmchen sind chic, die Delikte der Insassen weitreichend:

Hannsheinz Porst (Landesverrat)
Günter Maschke (Wehrdienstverweigerung)
Helg Sgarbi (Versuchte Erpressung der Unternehmerin Susanne Klatten)
Michael Graeter (Insolvenzdelikte)
Bela Ewald Althans (Volksverhetzung)
Karl-Heinz Wildmoser junior (Bestechlichkeit und Untreue)
Uli Hoeneß (Steuerhinterziehung)

JVA München – Stadelheim
Ludwig Thoma hat hier 1906 eine sechswöchige Haftstrafe wegen Beleidigung der Sittlichkeitsvereine abgesessen, Konstantin Wecker war 1995 wegen Kokainkonsums dort. Beate Zschäpe ist seit 2013 in Untersuchungshaft. Eine skurril-makabre Besonderheit in Stadelheim ist die Gefängniszelle Nr. 70, in der zu unterschiedlichen Zeiten saßen: Kurt Eisner, dessen Mörder Graf Arco-Valley, Ernst Röhm und dessen Mörder Adolf Hitler.

JVA Garmisch-Partenkirchen

Im Volksmund ›Café Loisach‹ genannt. Vom Innenhof hat man einen herrlichen Blick auf das Wettersteingebirge. (Aber was nützt einem das.) Hartnäckig hält sich auch die Geschichte, dass in den fünfziger Jahren ein örtlicher Gastronom Gefangene ausgeliehen hat und mit ihnen in den Wald zum Schwammerlsuchen gefahren ist. Es ist nie einer ausgebüxt.

JVA Aichach

Auch das bayrische Frauengefängnis hatte prominente Insassinnen: Ingrid van Bergen, Vera Brühne und Brigitte Mohnhaupt, ferner die Spionin Gabriele Gast, die Kriegsverbrecherin Ilse Koch und die Holocaustleugnerin Sylvia Stolz.

Unrühmliches aus Bayern

Leider muss man auch sagen, dass Bayern in der Zeit des Nationalsozialismus eine unrühmliche Pionierrolle gespielt hat. Viele führende Nazis stammten aus Bayern. Der bekannteste ist Hermann Göring (* 1893 in Rosenheim, † 1946 in Nürnberg durch Zyankali), ›Reichsjägermeister‹ und Raubkunstsammler. Auch

Heinrich Himmler (* 1900 in München, † 1945 in Lüneburg, ebenfalls durch Zyankali), Reichsführer-SS mit humanistischer Bildung, war ein Bayer, der sich gerne in Tracht zeigte. Julius Streicher (* 1885 in Fleinhausen bei Augsburg, † 1946 in Nürnberg durch den Strang) war der Herausgeber der antisemitischen Hetzzeitschrift »Der Stürmer«.

Am 10. Mai 1933 fand auf dem Münchner Königsplatz eine Bücherverbrennung mit 70000 Zuschauern statt. Monate vor der Reichspogromnacht 1938 zerstörten NS-Aktivisten die Synagoge Nürnberg und die Synagoge München. Das erste Konzentrationslager wurde 1933 in Dachau eingerichtet. München wurde zur ›Hauptstadt der Bewegung‹ erklärt. Nürnberg war ständiger Sitz der Reichsparteitage. 1935 wurden in Nürnberg die ›Nürnberger Rassengesetze‹ verabschiedet. 1937 fand in München die erste Ausstellung ›Entartete Kunst‹ statt.

Hitler hatte bekanntlich eine Wohnung in München, Eva Braun war Münchnerin. Es gibt ein selbstgemaltes Aquarell von Hitler, das er von einer Postkarte kopiert hat. Ausgerechnet das Bild vom ›Asamkircherl‹ war angeblich Eva Brauns Lieblingsbild. Es hing im sogenannten ›lieben Häuschen‹ in München.

Viele beschauliche Städtchen haben braune Schatten auf ihrer jüngsten Geschichte. Ein Beispiel ist Murnau am Staffelsee, die liebliche Malerresidenz. 1923 nahmen zahlreiche Bürger des Ortes am Hitlerputsch in München teil und erhielten den ›Blutorden‹. Bei den Reichstagswahlen 1924 bekamen die sonst in Deutschland chancenlosen Nationalsozialisten nahezu 33 Prozent der Murnauer Stimmen.

Aber auch der Widerstand war groß. Unter den bayrischen Widerstandsgruppen ist die Münchner Weiße Rose die bekannteste. (Den inneren Kreis der Weißen Rose bildeten die beiden Geschwister Hans und Sophie Scholl, Alexander Schmorell, Christoph Probst, Willi Graf sowie der Universitätsprofessor und Musikwissenschaftler Kurt Huber.) Claus Schenk Graf von Stauffenberg (* 1907 in Jettingen bei Günzburg, † 1944 in Berlin) entstammt einem schwäbischen Uradelsgeschlecht. In den letzten Kriegstagen scheiterte die »Freiheitsaktion Bayern« von Rupprecht Gerngross.

Albrecht Haushofer (* 1903 in München, † 1945 in Berlin), Widerstandskämpfer, suchte Zuflucht bei der Bauersfrau Anna Zahler auf Mittergraseck bei Garmisch-Partenkirchen, die ihn versteckte, so gut es ging, bis er von der Gestapo entdeckt wurde.

Politik

In Molières Komödie *Der Bürger als Edelmann* erfährt der verdutzte Monsieur Jourdain, dass er nun
schon sein ganzes Leben lang, nämlich über vierzig
Jahre, Prosa gesprochen hat, ohne es zu wissen. So
würde es manchem CSU-Wähler gehen, wenn er das
Parteiprogramm seiner Partei läse. Er hätte gewählt,
ohne mitbekommen zu haben, dass die CSU eigentlich eine politische Partei ist.

Politiker jeglicher Färbung und Schattierung stellen oft fest, dass es in Bayern nicht so leicht ist, Ziele
durchzusetzen. Der normale Bayer ist ein Sturkopf
und will sich nicht färben und schattieren lassen.
Jedenfalls nicht ernsthaft und nicht auf Dauer. Das
scheint zunächst ein Widerspruch zur fast sechzig-
jährigen Dauerherrschaft der CSU zu sein. Es ist aber
keiner. In Bayern misstraut man traditionell großen
Sprüchen und jeder sich visionär und richtungswei-
send gebärdenden Politik. Den basisdemokratischen
Slogan ›Alles ist politisch!‹ stellt der Bayer auf den
Kopf. Ihm ist *nichts* politisch, weil eben alles privat ist
und auch privat geregelt werden kann. Das ist aber
genauso radikal autonom:

»Des is mei Sach'.«
»Des geht niemand eppas o.«
»Des kümmert mi durchaus gar nix.«
»I bin mir selber gnua.«
»Des machen mir untereinander aus.«

Wenn man den Begriff ›politisch‹ so versteht, dass man sich auf irgendeine Weise rechts oder links, mittig oder radikal, nach vorne oder nach hinten positioniert, dann kann man CSU-Wähler als unpolitisch bezeichnen. Der große und andauernde Erfolg dieser Partei hat seinen Grund darin, dass sie nicht als Sachwalterin der rechten, mittigen oder wie auch immer gerichteten Sache erscheint, sondern als Sachwalterin des rein bayrischen Wesens. Was immer das genau ist.

1919 wäre in Bayern fast eine Räteregierung zustande gekommen, doch Ministerpräsident Eisner wurde ermordet, in der Kardinal-Faulhaber-Straße übrigens, die an den eingangs erwähnten Fünf Höfen vorbeiführt. Es war durchaus nicht so, dass diese Regierung von Anfang an schon zum Scheitern verurteilt gewesen wäre. Es war der dritte größere Versuch einer radikal direkten Demokratie in der Geschichte. (Der erste war die *Pariser Kommune* 1871, der zweite der *Petersburger Sowjet der Arbeiterdeputierten* 1905.) Obwohl der bayrischen Räterepublik viel Tragisches und Trauriges anhaftet, sei doch die kleine Anekdote am Rand erwähnt: Am Abend des 6. April 1919 wurde die Proklamation der ›Räterepublik Baiern‹ beschlossen. Auf der Tagesordnung stand unter anderem die Verwendung des ›i‹ statt des ›y‹ im Wort Baiern/Bayern. Das sollte eine antimonarchistische Spitze gegen die von Ludwig I. angeordnete Schreibweise sein. Selbst das hat sich nicht gehalten.

Sind für den Bayern die politischen Richtungen also austauschbar? Würde er notfalls auch die Anarchisten wählen? Ja, durchaus. Er hängt ja sogar dem alten anarchistischen Spruch an: »Wenn Wahlen etwas ändern würden, wären sie schon längst verboten.«

Wer sich das schon einmal angetan hat, bei einer Bezirks- oder Kreis- oder Stadtteilsitzung der bayrischen SPD anwesend zu sein, in einem verrauchten Nebenzimmer, mit vielen Wortmeldungen und Austrittsandrohungen, der bekommt eines mit: Diese Leute machen den Fehler, wirklich etwas bewegen zu wollen. Sie haben ein politisches Programm. Das gilt in Bayern nichts. Wenn die SPD alle politischen Ziele fahrenließe und bei dem, was ohnehin geschieht, so tut, als würde sie das vorher genehmigt haben, dann hätte sie eine Chance. Die große Bewunderung für den Märchenkönig Ludwig rührt daher, dass er politisch so gut wie nichts bewirkt hat, ob aus mangelndem Können oder aus mangelndem Wollen.

Er hat die Dinge so laufen lassen, wie sie liefen. Er war nicht einmal Antidemokrat. Er war Null-Staatsmann. So etwas kommt gut an in Bayern.

Der politische Bayer schaut also etwa so aus: Er ist FDP-Mitglied, weil er das Parteibuch einmal beim Schafkopfen der örtlichen Hoteliers gewonnen hat. Er nimmt am Stammtisch nach einigen Bierchen auch schon mal einen anarchosyndikalistischen Standpunkt ein, ohne es zu wissen, und redet von der dringend notwendigen Zerschlagung der Großkonzerne. Zu Hause trennt er den Abfall, kann problemlos eine Kuh melken und kauft im Supermarkt nur Zwickhartl-Kretzenwaginger Butter – wenn er denn in Zwickhartl-Kretzenwaging wohnt. Er liegt also ganz auf der Linie der Grünen. Irgendwo im Speicher hat er einen SPD-Button liegen, den er im Fasching ansteckt. Und schließlich weiß er (wie die meisten Wahlberechtigten) nicht, was er wählen soll. Deshalb wählt er CSU. Und er denkt, dass nach dem Wahlsonntag die Veränderungen im Privaten stattfinden.

Interessant ist folgende Statistik dazu:
12,75 Millionen Einwohner hatte Bayern im Wahljahr 2013
9,4 Millionen davon waren Wahlberechtigte
63,9 % war die Wahlbeteiligung bei den Landtagswahlen

47,7 % davon entfielen auf die CSU
20,6 % auf die SPD
1,6 % der Stimmen waren ungültig.

36,1 % der Wahlberechtigten sind also nicht zur Wahl gegangen, haben dadurch die bestehenden Verhältnisse akzeptiert und sind nichts anderes als versteckte CSU-Wähler, die am Wahlsonntag lediglich etwas Besseres vorhatten, als Wasser zum Bach zu tragen. Wir sind hiermit schon bei einer Grundzustimmung für die CSU von 83 %. Doch damit nicht genug. Von den nicht Wahlberechtigten 3,35 Millionen sind drei Viertel Kinder und Jugendliche bis 14 Jahre, die bei den Familien aufwachsen, in denen CSU gewählt wird. Wie man weiß, übernehmen sie (im Gegensatz zu den renitenten und türenschlagenden 14- bis 18-Jährigen) das politische Verhalten der Eltern. Es kommen also noch einmal 2,5 Millionen tendenzielle CSU-Stimmen (19,6 %) dazu. Nur der Vollständigkeit halber: Die 1,6 % an ungültigen Stimmen (etwa 150.000 Menschen) sind meistens extrem Linke (DKP, KPD/ML, Anarchisten, Trotzkisten), die zwar CSU gewählt haben, um den Klassenkampf zu verschärfen (alte linke Taktik), die es aber nicht lassen konnten, eine Bemerkung auf den Wahlzettel zu schreiben (»Macht aus dem Staat – Gurkensalat«), der daraufhin ungültig wurde. Ich zähle diese 1,6 % dem ›ideellen‹ Flügel der CSU zu, so dass wir schließlich bei 104,2 % von natürlichen, reellen und imaginären CSU-Wählern sind. Das kann nicht mehr mit einer politisch wählbaren Partei zu tun haben.

Vorsicht! In manchen Auflagen dieses Buches ist ein Aufnahmeantrag sowie ein Austrittsantrag in die (beziehungsweise aus der) CSU beigefügt. Wenn er fehlt, hat ihn der Buchhändler schon herausgerissen und ist eingetreten beziehungsweise ausgetreten. Wenn Sie drin sind, treten Sie aus. Wenn Sie draußen sind, treten Sie ein. Nur so bewirkt man etwas. Und nicht einmal das.

Der Zamperl[4]

Zefix, darf man das? Ist es statthaft, in einem Druckwerk wie diesem, in dem die edelsten Geistesriesen des Landes gerühmt werden und in dem die bay-

---

4 Wie jetzt: *Der* oder *das* Zamperl? Ludwig Zehetner, Dialektologe und Professor Higgins des bayrischen Dialekts, lässt beides zu. Ferner gibt es noch eine Regel, dass Diminutivsuffixe den Genus in das neutrale Geschlecht umwandeln: der Krug, das Krügerl; die Wurst, das Würstl. Wenn das aber so ist, müsste es auch einen Zamp geben, einen großen Hund vielleicht. Oder einen dicken Hund.

rische Seele verletzlich offenliegt, ein Kapitel über den ordinären Zamperl einzuschieben, dem biedersten und spießbürgerlichsten aller Hunde, der mit seinen hoffnungslos traurigen Augen seiner längst vergangenen Jägerexistenz nachtrauert? Und der auch nicht glücklich damit zu sein scheint, dass er zum Symbol für das verschwitzte und kleinbürgerliche Bierbayern geworden ist? Man muss fast. Der Wurchterdinger Schorschl aus Zwickhartl-Kretzenwaging (auch er ein Zamperlbesitzer) mahnt dazu: Ohne Zamperl kein Bayernbuch.

Als Zamperl bezeichnet man in Bayern zwar jeden kleinen Hund, meistens ist jedoch ein Dackel damit gemeint oder ein dackelähnlicher Mischling. Er ist entweder braun-glatt, geschmeidig, unterholzgeeignet, wurstartig, mit durchhängendem Gebäuch. (›Sausage dog‹ nennen ihn die Amerikaner.) Oder wir haben beim Zamperl einen *Rauhaar*dackel vor uns, oft eine sogenannte ›Stiagnglandermischung‹: selbstbewusst, eigensinnig und stur. Die Begriffe Unterholz, Jagd, Wildern, Wurst, Eigensinn führen uns stracks zu den Gründen für die Beliebtheit des Dackels im Freistaat – das sind nämlich genau die Eigenschaften, aus denen auch die bayrische Identität gebastelt wird.

Woher der Begriff Zamperl kommt, ist unklar, vielleicht aus dem Italienischen. ›Zampa‹ heißt dort die Pfote, die Tatze. Der ›Große Zampano‹ ist der, der alle Fäden in der Hand hat. ›Zampetta‹ ist dann eben die kleine Tatze, die die Fäden aber genauso in der Hand halten kann. Der Zamperl ist also der zum treuherzigen Pflasterwatschler verkommene Löwe, der aber immer noch einige Reste der löwenmäuligen Stärke und Erhabenheit in sich trägt. (Ein Shitstorm von den Zamperlfreunden? Auszuhalten.) Nach Auskunft von Hundekennern ist gerade der Dackel ein charakterstarker Sturkopf, der sich nichts sagen und befehlen lässt. Der Rauhaardackel, der in den letzten Jahrzehnten in Mode gekommen ist, hat überdies noch etwas Trachtlerisches, Wildlerisches dazu. Auch wenn er frisch abgeduscht ist, haftet ihm noch etwas Blut von frisch gerissenen Hirschen an den Lefzen.

Dass der Dackelzamperl zur Identität Bayerns gehört, zeigt der Olympiadackel von 1972, der ›Waldi‹, der den internationalen Anabolika-Muskelprotzen etwas Unschuldig-Biederes gegenüberstellen sollte. Der Designer Otl Aicher, der bei den Münchner Spielen für den optischen Marketingauftritt verantwortlich war, hat neben den berühmten Piktogrammen auch den regenbogenfarbenen Waldi entwickelt – es war übrigens das erste Maskottchen in der Geschichte der Spiele. Was ins Auge sticht: Das

Logo eines Dackels erkennt man mit einem Blick, andere deutsche Tugenden und bayrische Befindlichkeiten wie etwa die Gemütlichkeit wären schon schwieriger darzustellen. Der Zamperl ist seitdem jedenfalls hoffähig geworden. Die Modehunde mögen andernorts immer noch Golden Retriever oder Chihuahuas sein, in Bayern ist der Dackel der Herr im Land. Der Herr Hirnbeiß hat einen solchen, Kommissar Veigl, der erste Münchner Tatort-Kommissar (gespielt von Gustl Bayrhammer) ebenfalls. Und der derzeitige (durchaus reale) Chef des Hauses Wittelsbach, S. K. H. Franz Herzog von Bayern, Schirmherr des Bayrischen Dachshund-Klubs, war viele Jahre oft in Begleitung seines ›Wastl‹ zu sehen. Die deutsche Fachzeitschrift ›dogs‹ schreibt: »Wenn der Dackel in den Spiegel schaut, sieht er einen Löwen.« Den bayrischen Löwen? Der legendäre Eigensinn des Dackels soll übrigens Gründe in seiner Vergangenheit als Jagdhund haben. Im Dachsbau musste er, abgeschnitten vom Jäger und Herrn, eigene Entscheidungen treffen. Das hat er sich gemerkt, der Dackel.

Prominente ausländische Dackelbesitzer waren übrigens John Wayne, Napoleon, Andy Warhol und George Harrison. Alle vier kann man sich eigentlich kaum mit Zamperl vorstellen, vielleicht ist das am ehesten bei John Wayne möglich. In Schwarzweiß. Er sitzt am Lagerfeuer, trinkt aus einer Blechtasse und überlegt: Werden es die Rancher schaffen, die Herde mit den neuntausend Rindern verlustfrei von Texas über den Red River nach Missouri zu bringen? Mit einem Zamperl vielleicht schon.

Gerstensäfte

Dieses Kapitel wurde unter Zuhilfenahme von begleitenden Alkoholika geschrieben. Das soll ja bekanntlich die Kreativität steigern. Ein kleines Bier, auf ex gezischt – und los gehts mit der Schilderung diverser Delirien.

Bayrisch sein bedeutet blau sein, ohne zu trinken. Die Bewohner des Freistaats sind ohnehin ständig rauschartigen Zuständen wie Höhenluft, Föhn und ersten Tabellenplätzen ausgesetzt. Das Klischee des *bier*saufenden Bayern ist allerdings so fest verankert, dass es inzwischen sinnlos wäre, dagegen anzukämpfen. Thomas Manns Alois Permaneder ist Hopfenhändler, was auch sonst. In ›Ein Münchner im Himmel‹ von Ludwig Thoma bestellt sich der Dienstmann Alois Hingerl »Eine Maß. Und noch eine Maß. Und noch eine Maß.« Weltweit bekannte Wort-Bild-Marken sind nun mal das Hofbräuhaus, der Biergarten und die Wiesn. Im Ausland wird man, kaum hat man sich als Südostdeutscher geoutet, nicht selten mit »Ozapft is!« und »Oans, zwoa, g'suffa!« angegangen.

> Kleines Problem bei diesem literarisch-alkoholischen Versuch: Ich persönlich habe schon seit vierzig Jahren kein Bier mehr getrunken. Mir hat es noch nie geschmeckt. Vielleicht habe ich ja auch eine Bierallergie. Ich trinke also jetzt unter der strengen Aufsicht meines Hausarztes. Er fühlt meinen Puls und misst meinen Alkoholpegel. Noch bei null.

Dabei wurde das Bier überhaupt nicht in Bayern erfunden, sondern vermutlich im Mittleren oder Nahen Osten, nach anderen Quellen in China. Das älteste Reinheitsgebot ist nicht von bayrischen Herzögen, sondern von den Sumerern überliefert: »Bierpanscher sollen in ihren Fässern ertränkt oder so lange mit Bier vollgegossen werden, bis sie ersticken«, heißt es 1700 vor Chr. im babylonischen *Codex Hammurapi*. Bis zum Dreißigjährigen Krieg (1618–1648) war Bier in Mitteleuropa Handelsgut der Hanse an Nordsee und Ostsee, also eine vorrangig norddeutsche Angelegenheit. Hamburg allein hatte 600 Brauereien, jeder vierte Einwohner soll Bierbrauer gewesen sein. In Bayern kochte man den Sud meistens für den Hausgebrauch und keineswegs so rein, wie es das Reinheitsgebot verlangte. Kräuter und Wurzeln, Rosmarin, Eichenrind, Honig oder auch Ochsengalle sollten das Bier besser und haltbarer machen.

> Ich habe jetzt insgesamt drei Flaschen geleert, ich
> spüre keinerlei Wirkung. Trotzdem rät mir mein
> Hausarzt zu kleinen, vorsichtigen Schlucken.
> Während ich schreibe, öffnet er selbst eine Flasche.
> Die zu meiner Sicherheit anwesenden Sanitäter
> prosten ihm zu. Sie haben traditionell einen Träger
> Edelstoff hinten im Auto.

Im norddeutschen Ausland, in Mecklenburg, in Pommern und auch Sachsen lagen die bedeutendsten Hopfenanbaugebiete des späten Mittelalters. Dann erst stiegen die Bayern ein. Sofort gab es in kurzer Zeit eine Unzahl von Brauereien, die wiederum eine Unzahl von Biersorten herstellten. Das hat sich bis heute so gehalten. Eine Auswahl aus den unzähligen Sorten: Airbräu Mayday, Alpenstoff, Auer Bierteufel, Autenrieder Narraschlückle, Boandlbräu Fastenbock, Bürgerbräu Suffikator, Dampfbier, Dimpfl, Dinkelsbühler Kinderzechbier, Erlkönig Extra Hell, Faust Jahrgangsbock, Griesbräu Drachenblut, Günzburger Pfiff, Hacklberg Humorator, Huppendorfer Zwickel, Pax Bräu Paxifator, Ploss dunkles Zoigel, Rittmayer Handgranate (mit abziehbarem Bügelverschluss), Unertl Ursud, Untergiesinger Erhellung. Und so weiter. Eines ist allerdings festzuhalten: An der einfachen Dröhnung ist man in Bayern gar nicht interessiert. Man will eher zeigen, wie viel man verträgt. Wie viel man trotz allem noch draufhat. Man will trotz des sedativen Effekts noch den großen Zampano geben. Die Standard-Geschichte ist nicht die, dass der Soundso Xaver und der Schießmichtot Blasi nach siebenundzwanzig Weißbier lallend unter dem Tisch gelegen sind, sondern dass sie trotz der siebenundzwanzig Weißbier noch einen großartigen und weitreichenden Handel abgeschlossen haben.

> Mein Hausarzt misst einen objektiven Promillewert von 0,9 bei mir, subjektiv spüre ich immer noch nichts. Der anwesende Notar hingegen hat nach seinen vier Gläsern Weißbier schon einen deutlichen Zungenschlag. Mein ebenfalls anwesender Rechtsanwalt führt juristische Fachdiskussionen mit ihm. Soviel ich mitbekomme, geht es um den § 323a STGB. Danach macht sich strafbar, wer sich in einen Rausch versetzt, in diesem Zustand eine Straftat begeht, deswegen aber nicht bestraft werden kann, weil er infolge des Rausches schuldunfähig ist. Ich bin immer noch nüchtern, darum verstehe ich es nicht so richtig.

Komasaufen und wilde Trinkgelage verachtet der Bayer. Er macht Witze über die Italiener, die beim Oktoberfest nichts vertragen, über die Japaner, die dort (nach einem Geheimzeichen zwischen Bedienung und Schankkellner) mit alkoholfreien Maßen betrogen werden. Der ideale bayrische Trinker will die soundsoviel Promille nach den sieben Maß spüren, aber nicht nach außen zeigen. Es ist also mehr ein innerliches Trinken, das er zelebriert. Der Rausch ist seine Bleiweste, mit der er umherhüpft wie ein Nüchterner.

> Der Heimatpfleger meines Vertrauens hat sich zu unserer Runde gesellt. Er lässt sich das literarisch-alkoholische Experiment erklären. »Brav«, sagt er. Dann zückt er die mitgebrachte Flasche Obstler und schenkt aus. »Sauber!«, rufen alle anderen. Zwei der Sanitäter liegen unter dem Tisch und sind nicht mehr ansprechbar. Bei mir hingegen schlagen die inzwischen erreichten 1,1 Promille noch immer nicht an.

Biergenuss regt zu Höchstleistungen an. Der Rausch ist nur der Beifang. Der bayrische Evolutionsbiologe Josef H. Reichholf (»Warum die Menschen sesshaft wurden«) stellte die These auf, dass Ackerbau, menschliche Sesshaftwerdung und Zivilisation erst möglich wurden durch die Produktion von berauschenden Getränken: »Am Anfang war das Bier.« Und neueste Untersuchungen haben gezeigt, dass beim Biergenuss nur die starken und funktionsfähigen Gehirnzellen überleben. Regelmäßiges Trinken ist für das Hirn das, was die Defragmentierung für den Computer ist.

> Eine Dreier-Abordnung meines Verlags ist erschienen, um die nötige Qualitätssicherung an meinem alkoholisch begleiteten Kapitel vorzunehmen. Die Lektoren können auch nach neun Gläsern Bier keine Veränderung an der Textqualität erkennen. (Was man so oder so verstehen kann.) Die Sanitäter geben keinen Laut mehr von sich. Mein Hausarzt ruft neue Sanitäter. Sie kommen und bringen einen frischen Träger Bier mit.

Obgleich Bier in ganz Bayern getrunken wird, sind doch wieder einmal gravierende regionale Unterschiede zu erkennen. In Oberbayern und im Alpenland kann man sich eigentlich nur die helle Halbe Bier vorstellen. In München steht das frische Weißbier auf dem Tisch, in Niederbayern hingegen hat das dunkle Bier seine größte Verbreitung. Der Franke wiederum saugt das süße Gift des Gerstensaftes über sein ›Aecht Schlenkerla Rauchbier‹ ein, das wie abgestandenes Guinness aussieht, nach verbrannten Würstchen riecht, nach kaltem Kaffee schmeckt – und schon ist der Franke wieder beleidigt. Nicht bei allen bayrischen Volksstämmen jedoch steht das Bier im Vordergrund. Der Oberpfälzer mit seinen riesigen Waldungen versteht es, aus dem reichlichen Fliegenpilzbestand diejenigen Stoffe zu extrahieren, die nicht tödlich-toxisch, sondern halluzinogen und inspirierend sind. ›Schwammerlgiftler‹ nennt man sie in Cham und Weiden. Der bayrische Schwabe mit gutem Zugang zu Bodenseeobst ist für seinen Konsum von feinsten Schnäpsen berühmt. Und die philosophischen Schmalzler-, Schmai- und Snuff-Schnupfer sitzen im Pöschl-Land, um Landshut herum.

> Mein Hausarzt stellt fest: Ich bin für dieses Experiment vollkommen ungeeignet, Alkohol schlägt bei mir überhaupt nicht an. Das Begleitteam hingegen tanzt auf dem Tisch und singt Wiesnhits. Von Ferne ist die Sirene eines dritten Sanitätsautos zu hören.

Weinanbau
Ein kurzes und trockenes Kapitel

In seiner Schrift *Germania* beschreibt der römische Historiker Tacitus das Bier der Germanen. Er hält es allerdings für einen misslungenen oder zumindest unzureichenden Versuch, Wein herzustellen. Mit dem Weinanbau kannten sich die alten Römer schon wesentlich besser aus, sie verbreiteten diese edle Kunst über ganz Europa, brachten sie schließlich sogar bis nach England. (Noch heute verweist die Grafschaft Yorkshire stolz auf ihren einzigen Weinberg, den *Yorkshire Heart Vinyard*.) Doch auch in Bayern kultivierten die Römer Weinanbau und Weingewinnung. Übrigens nicht nur in Franken, sondern auch in Oberbayern. Noch heute gibt es den sogenannten Baierwein, der hauptsächlich an der Donau angebaut wird, zum Beispiel in den Gegenden rund um Regensburg. Im kleinen ›Baierwein-Museum‹ in der oberpfälzischen Gemeinde Bach an der Donau kann man sein Wissen darüber vertiefen und den großen Durst nach seltenen Weinen löschen.

Über die fränkische Kunstfertigkeit der Weingewinnung ist schon alles geschrieben und gesagt worden, sei es von Weinköniginnen oder Landwirtschaftsministern. Weltweit berühmt geworden ist neben dem Frankenwein selbst die (fast) einzigartige Flaschenform, in der der zartbittere Tropfen abgefüllt wird. Vorbild für den ›Bocksbeutel‹ war wohl die soldatische Feldflasche, die nicht so leicht umfallen und wegrollen konnte. Das ist eine durchaus wichtige Flascheneigenschaft für den weinseligen Zecher zwischen Bamberg und Hof. Die Herkunft des Namens ›Bocksbeutel‹ liegt wiederum im historischen Dunkel. Die Herleitung vom Hodensack des Ziegenbocks liegt zwar nahe, viel charmanter ist jedoch die Erklärung aus dem niederdeutschen Wort *Booksbüdel* für

197

Bücherbeutel oder Beutelbuch. Das ist ein Überzug aus Leder oder Stoff über Gesang- und Gebetsbücher, die man auf diese Weise am Gürtel tragen konnte. Mit einiger Phantasie kann man eine Ähnlichkeit zu den nordbayrischen Weinfläschchen erkennen. Die enge und fruchtbare Beziehung zwischen Literatur einerseits und Weingenuss andererseits gewinnt hier an einleuchtender Deutlichkeit. Vor kurzem erst hat das altehrwürdige ellipsoide Gebilde übrigens eine neue, kantigere Gestalt bekommen, man hat einen Hamburger Designer damit beauftragt, der dabei sicherlich Gesichtspunkte des modernen Marketings berücksichtigt hat. Früher sah der Frankenweinbehälter ein bisschen aus wie eine Kreuzung aus einer Handgranate und einer Wärmflasche. Jetzt hat sie etwas von einem futuristischen, zu wuchtig geratenen gläsernen Tischtennisschläger.

Die Beziehung der Bayern zum Wein ist enger, als der Außenstehende denkt. In dem schon zitierten ›Lied vom Loisachtal‹ heißt es:

♫ Fahrn ma auf Minga (= München) mit am Floß,
des geht vui schneller wia mi'm Ross.
Und beim Bräuwastel, da kehr ma ei,
da gibts a Bier und an guatn Wei'. (= Wein)

Der Zielort ›Bräuwastel‹ ist durchaus austauschbar. Stattdessen hat man auch schon ›Steyrer Wirt‹,
›Loisach-Franzl‹ und ›Sandwirt‹ in fröhlichen Ge-
sangsrunden gehört. Wo man einkehrt, ist auch nicht
so wichtig, die Nennung von Wein in einem marki-
gen oberbayrischen Lied sticht jedoch hervor. Baier-
weinen und fränkischen Weinen werden oft solche
Prädikate wie trinkig, bissig, blaulaugig, knackig,
pikant und spritzig zugeschrieben – sie eignen sich
also hervorragend für Beizen und Marinaden. Das
schon geschilderte Böfflamott sollte einige Zeit in
einem edlen ›fränkisch Trockenen‹ ruhen. Das Rezept selbst kann man in den vielen bayrischen Rezeptbüchern nachsehen. Wichtig erscheint mir jedoch hinzuzufügen, dass die Weinbeize (Rotwein mit
Zwiebeln, Pfefferkörnern, Wacholderbeeren, Senf-
körnern, Lorbeerblättern, Petersilienstängeln, Lauch,
Sellerie, Möhren, Knoblauchzehen, Nelken, Thymian
und Rosmarin) die Rinderschulter nicht vier bis fünf
Tage, sondern ganze drei Wochen bedecken soll. So
ist es überliefert. So habe ich es selbst ausprobiert.
Man kann das Fleisch dann mit dem Löffel essen.
Und ich schwöre: Man schmeckt den ausgewählten
›fränkisch Trockenen‹ heraus. Wenn man die Augen
schließt, kann man sich vorstellen, dass das Gericht
Ludwig II. bestimmt gemundet hat. Sein Hofkoch
Theodor Hierneis erinnert sich:

»Dazu musste immer auf die sehr schlechten Zähne des Königs Rücksicht genommen werden, weshalb alle Speisen recht flockig und weich zubereitet wurden.«

Ein weiteres Rezept, bei dem Wein eine wichtige Rolle spielt, ist dagegen nicht so oft in den Rezeptbüchern zu finden. Es ist das schwäbische ›Weinwarm‹. Die süße Suppe wird in dem Roman *Die schwarze Spinne* des Schweizer Autors Jeremias Gotthelf als typisch schweizerisch geschildert. In Ostschwaben, in der Gegend zwischen Dillingen und Günzburg, ist sie in manchen bäuerlichen Familien noch bekannt, dort natürlich als typisch schwäbische Spezialität (›Woiwarm‹). In Philipp Wilhelm Gottlieb Hausleutners *Schwäbischem Archiv* werden auch Zutaten und Zubereitung verraten:

»Zu einer einfachen Portion wird ein ziemliches Stück Schmalz über dem Feuer zerlassen, ein Eßlöffel voll Mehl in demselben geröstet, dieses dann mit etlichen zerrührten Aiern vermischt und mit Saffrich, Wein, Milch und Zucker angerührt. Hierauf läßt man Alles recht miteinander sieden und gießt es an einen in kleine Stückchen zerschnittenen Semmelwecken.«

Ich habe es ausprobiert. Es schmeckt – äh – historisch.

Pumuckl

Erfunden hat ihn Elis Kaut, zusammen mit Barbara von Johnson. Der rothaarige Kobold mit den zwei Müttern ist geradezu ein Paradebeispiel für einen der vielen Zugereisten, die sich hier niedergelassen haben. Viele von ihnen hatten das ursprünglich gar nicht vor, aber »auf einmal klebt der kleine Tropf an Meister Eders Holzleimtopf«. Bei dem Leim handelt es sich meistens um ein temperamentvolles Gspusi, oft auch um eine Anstellung in Ingolstadt bei Audi, in seltenen Fällen um Wanderwege und landschaftliche Ausblicke. Den größten Leimtopf aber stellt die Landeshauptstadt dar. In München sind im Lauf der Zeit so viele außerbayrische Kobolde pappengeblieben, dass man einen Meister Eder inzwischen mit der Lupe suchen muss. Der Pumuckl verkörpert also das neue Bayern. Pumuckl for president? Meister Eder als Landwirtschafts- und Holzminister?

Herr Hirnbeiß

Dieser ältere Herr mit der Spiegelglatze und dem markanten Schnauzbart ist von ganz anderem Schlag. Die Zeichnerin Franziska Bilek hat ihn 1961 geschaffen, und er konnte jahrzehntelang in der Münchner

›Abendzeitung‹ seine launigen Sprüche zum Besten geben. Es ist der (in doppeltem Sinn) leicht angefressene, in jedem Fall aber verschwitzte und kleinbürgerliche Alt-Münchner Wirtshaushocker, den es so heute wahrscheinlich gar nicht mehr gibt, weil ja auch die dazugehörigen Wirtshäuser und Stammtische fast verschwunden sind. Auch die ›Stinkadores‹, die er hier in der Hand hält, stammen noch aus rauchverbotsfreien Zeiten. Überdies habe ich in ganz München noch nie so einen voll eingeschenkten Maßkrug gesehen.

Alois Permaneder

»Kurzgliedrig und beleibt, trug er […] eine helle und geblümte Weste, die in weicher Wölbung seinen Bauch bedeckte […]. Der hellblonde, spärliche, fransenartig den Mund überhängende Schnurrbart gab dem kugelrunden Kopfe mit seiner gedrungenen Nase und seinem ziemlich dünnen und unfrisierten Haar etwas Seehundartiges. [Sein Gesicht hatte] einen Mischausdruck von Ergrimmtheit und biederer, unbeholfener Gutmütigkeit.«

So schildert Thomas Mann im Roman »Die Buddenbrooks« den Hopfenhändler Alois Permaneder, er ist der Inbegriff des gemütlichen, den weltlichen Genüssen zugewandten Bayern. (Folgerichtig ist er in der Verfilmung von 1959 mit Walter Sedlmayr besetzt.) Permaneder, der zweite Ehemann der Lübeckerin Tony Buddenbrook, ist nicht so grantig wie Herr Hirnbeiß. Er repräsentiert den hedonistischen, gutmütigen Großkopferten. Von Zeit zu Zeit stößt er Sätze hervor wie »Es is halt a Kreiz!«, die einer »verdrießlichen Behaglichkeit« Ausdruck geben. Aber das Dienstmädchen der Buddenbrooks warnt schon von Anfang an: »Hei red' nich dütsch.« Die Ehe des ungleichen Paares endete mit einem bestimmten Schimpfwort, das er seiner Frau nachruft. Über viele Romanseiten wird der Leser über *das Wort* im Unklaren gelassen. Dann endlich kommt es, mit voller Wucht:

»Geh' zum Deifi, Saulud'r dreckats!«

(Sorry, Thommy, aber so, wie hier »Saulud'r« geschrieben ist, müsste Permaneder eigentlich ein Schwabe sein. Als Oberbayer, der er ist, hätte er sicher »Sauluada« gesagt. Aber wer wagt es, Thomas Mann zu korrigieren!) Tony Buddenbrook, die Lübeckerin, sagt später über ihr eheliches Gastspiel in München:

> »In fremderes Erdreich konnte ich nicht kommen, und lieber ginge ich in die Türkei! Oh, wir sollten niemals fortgehen, wir hier oben!«

Thomas Mann selbst war übrigens nicht dieser Meinung. Er hat die Hälfte seines Lebens in Bayern verbracht, bis er 1933 fliehen musste. Bis zu *Josef und seine Brüder* hat er die wichtigsten Werke in München geschrieben, alle seine Kinder sind hier geboren. So hat er mehr für Bayern getan als mancher bestallte Bayerntrommler und -flüsterer.

Der Mühlhiasl

Dieser geheimnisvolle Waldprophet ist geboren (wenn überhaupt) um 1753 in Apoig bei Straubing, gestorben 1805 in Zwiesel (möglicherweise aber auch in Straubing, Achslach, Rabenstein …). Die Weissagungen des ›bayrischen Nostradamus‹ wurden von Generation zu Generation mündlich überliefert, dadurch sind sie sicherlich immer präziser geworden. Es gibt nichts Schriftliches von ihm, keinen Grabstein, keinen Kirchenbucheintrag, denn er ist angeblich im Konflikt mit der Kirche außerhalb der Friedhofsmauer begraben worden. Seine Prophezeiungen jedoch sind frappierend:

»Wenn einerlei Geld aufkommt, dann ist es soweit.«

Nämlich das Ende der Welt. Damit kann ja eigentlich nichts anderes als die Einführung des Euro gemeint sein.

Der Bayrische Löwe

Aufmerksam schaut er über den Bodensee hinweg zum Schweizer Ufer, der Bayrische Löwe an der Lindauer Hafeneinfahrt, seit 1856, von Johann von Halbig gemeißelt, dem Löwenbildhauer, der selbst ein bisschen aussieht wie ein Löwe. In Bayern existieren inzwischen mehr steinerne Löwen als lebendige auf der Welt, deren Anzahl auf ein paar tausend geschrumpft ist.

Er ist aber immer noch das Sinnbild der Macht, der Stärke und des Mutes. Im offiziellen großen bayrischen Staatswappen taucht er gleich sechsmal auf. (Der siebte Zausel ist ein Panther. Das sieht man doch! An den gelblackierten Nägeln.) Die zwei äußeren goldenen Raubtiere sind noch prunk- und liebevoll ausgestaltet, der innere Löwe stellt sich schon nicht mehr so prachtvoll dar. Die drei schwarzen Löwen, die für den Regierungsbezirk Schwaben stehen, sind äußerst stilisiert, um nicht zu sagen: zerfieselt. Löwen in Bayern neigen ohnehin dazu, traurig dazustehen. Nur ein Beispiel: Die beiden einst so stolzen Sandsteinlöwen vor der Gnaden- und Adamspforte des Bamberger Doms haben sich durch jahrhundertelange Regengüsse in zwei undefinierbare Steinhaufen verwandelt, die eine gewisse Ähnlichkeit mit Kröten besitzen. Sie werden ›Bamberger Domkröten‹ genannt, die Bezeichnung beruht allerdings auf einem netten Missverständnis. Auf den Stufen zwischen diesen beiden Löwen wurde früher Gericht abgehalten, das sogenannte Gredgericht (lat. gradus für Stufe). Aus den Gerichtstagen, den ›doomgredn‹, wurden im Lauf der Zeit die ›Domkröten‹.

Es gibt aber noch mehr Beispiele für traurige Löwen. Das stolze Raubtier ist nämlich auch das Markenzeichen für die Löwenbräu AG (›Ein Bier wie Bayern‹). Gegründet irgendwann zwischen 1524 und 1746, wird die Brauerei im Volksmund auch gerne ›Lätschenbräu‹ genannt, um humoristisch auf die eher mäßig empfundene Bierqualität hinzuweisen.

Und die letzten traurigen Löwen sind natürlich die Münchner ›Löwen‹. (Tabellenplatz bei Redaktionsschluss: Vorletzter in der 2. Bundesliga)

Heimatliebe, Narzissmus

Wenn man längere Zeit alleine in einem leeren Zugabteil sitzt, macht man sich diesen Raum langsam zu eigen, ohne dass man sich dessen bewusst ist. Man ergreift Besitz davon. Es muss eine Erbschaft des Cromagnonmenschen sein, für ihn war vor dreißigtausend Jahren der Rückzug in eine kleine unzugängliche Höhle sicher oft überlebenswichtig.

»Ist hier noch frei?«, fragt nun der heutige Eindringling, nachdem er seinen Kopf ins Zugabteil gesteckt hat. Man zögert einen kurzen Augenblick, ehe man bejaht.

»Selbstverständlich, setzen Sie sich.«

Das Zögern zwischen dem Ist-hier-noch-frei? und dem Selbstverständlich-setzen-Sie-sich! dauert nur den Bruchteil einer Sekunde, und sofort schämt man sich dafür, so kindisch an einer trügerischen und letzten Endes nutzlosen Eigentums-Fata-Morgana festgehalten zu haben. Und genau aus diesem beschämenden Gefühl besteht die Heimatliebe.

Sie ist also im Endeffekt nichts weiter als die Gewöhnung an kleine, überschaubare Räume. Im Bayrischen gibt es noch zusätzlich den Begriff *Hoamatl*. Das ist nicht etwa noch eine weitere Verkleinerung, sondern im Gegenteil eine Intensivierung: Zu seinem Hoamatl, das einen umgibt, hat man eine besonders enge emotionale Beziehung. Die saure, aber prächtig mit Sumpfpflanzen bestückte Wiese des Wurchterdinger Schorschl aus Zwickhartl-Kretzenwaging ist so ein Beispiel. Und folgerichtig stünde mit Großbuchstaben über der Tür des Gartenhäuschens: AM WURCHTERDINGER SCHORSCHL SEI HOAMATL. Ich fragte den Heimatpfleger meines Vertrauens, ob denn der Bayer ein besonderes Verhältnis zur Heimat hätte. Also ein größeres als der Brasilianer. Oder der Hesse. Er nickte heftig, öffnete den Zitherkasten, griff in die Saiten und bat mich, einmal die folgenden Anfangsstrophen zweier verschiedener Heimatlieder zu vergleichen:

♫ O du schöner Westerwald,
über deine Höhen pfeift der Wind so kalt,
jedoch der kleinste Sonnenschein
dringt tief ins Herz hinein.

und:

♫ 's gibt nur a Loisachtal alloa,
a Zugspitz und an Waxnstoa,
da derfst de ganze Welt ausgeh,
du findst es nirgens mehr so schee.

Und tatsächlich: Das erste Volkslied ist ein schneidiger Gruß aus dem Mittelgebirge zwischen Hessen, Nordrhein-Westfalen und Rheinland-Pfalz. Man erfährt, dass es zwar saukalt ist in der Mitte Deutschlands, ungemütlich, windig, doch am Ende blitzt der kleine, menschlich rührende Hoffnungsschimmer auf. Das oberbayrische, krachlederne Pendant dazu, das drei-, vierhundert Kilometer südlicher gesungen wird, ist die pure Protzerei, ohne ein Gramm Selbstzweifel, durch keinerlei Ironie gebrochen. Höchstens durch den nachfolgenden Jodler noch verstärkt.

Wäre Bayern ein einzelner Mensch, würden Psychologen sofort eine behandlungsbedürftige Persönlichkeitsstörung diagnostizieren, einen krankhaften Narzissmus, aufgesplittert in 12 744 475 Individualsegmente. (Das ist der Einwohnerstand vom 30. 6. 2015, seitdem sind viele kleine Exemplare dazugekommen.) Auslöser für solch einen Narzissmus ist immer ein extrem geringes Selbstwertgefühl, das durch übertriebene Einschätzung der eigenen Wichtigkeit und den großen Wunsch nach Bewunderung kompensiert wird. »Wer angibt, hats nötig«, sagt der Volksmund mit bekannter Präzision.

Wie immer verrät auch die Sprache sehr viel. Auffällig sind in Bayern Häufungen von rhetorischen Nullnummern wie Dahoam-is-dahoam, Mia-san-mia,

Wer-ko-der-ko und Schau ma moi, dann sehng mas scho; alle rein inhaltlich sinnlos und redundant, aber durch ihren formelhaften und gebetsmühlenartigen Gebrauch irgendwie dauerhaft sprichwörtlich geworden. Woher aber kommt das geringe Selbstwertgefühl? Der FC Bayern ist doch schon Rekordmeister, er gewinnt inzwischen fast jedes Spiel. Warum ist eine halbe torlose Viertelstunde gleich eine furchtbare Katastrophe?

Eine großgewachsene, stämmige Frau betritt zusammen mit ihrem Haustier das Besprechungszimmer der Psychotherapeutin.

»Bitte, setzen Sie sich beide.«

»Mein Begleiter liegt lieber auf dem Boden.«

»Selbstverständlich. Was ist nun Ihr Problem?«

»Wir haben eigentlich kein Problem. Die Leute haben mit uns ein Problem.«

»Welche Leute?«

»Eigentlich alle. Aber hauptsächlich die fremden Leute.«

»Darf ich Sie mal bitten, sich so aufzustellen, wie Sie normalerweise stehen.«

Der Löwe setzt sich und schaut grantig nach rechts. Bavaria nimmt das Schwert und zückt es. Ihr Blick wird hart.

»Das ist Ihre gewohnte Familienaufstellung?«

»Seit fast 200 Jahren.«

»Und die Leute?«

»Sie beachten uns nicht. Sie fotografieren uns, aber dann beachten sie uns nicht weiter. Meinen Partner ärgert das. Er verliert langsam die Beherrschung.«

Der Löwe blinzelt. Er fasst die Psychotherapeutin ins Auge.

»Mein Rat ist der, die Leute ebenfalls nicht zu beachten.«

»Wissen Sie, wie viele Millionen Leute zum Oktoberfest auf die Theresienwiese kommen? Und die sollen wir alle nicht beachten?«

»Ja, dann drehen Sie sich halt um und blicken in die andere Richtung.«

»Wie? Ich soll die ganze Zeit zur Paul-Heyse-Unterführung schauen? Das ist ja eine Zumutung!«

Der Löwe erhebt sich, trottet zu der Psychotherapeutin und frisst sie ohne Rückstände auf.

Überraschende Bayern
Menschen, bei denen man nicht gedacht hätte, dass sie Bayern sind

Johannes R. Becher
* 1891 in München, † 1958 in Ostberlin
Expressionistischer Dichter, Politiker der KPD, linientreuer Kommunist, später Minister für Kultur in der DDR. Verfasser des Textes der Nationalhymne der DDR (»Auferstanden aus Ruinen«)

Sportfreunde Stiller
Indie-Rock-Gruppe aus Germering bei München
Bekannter Song: '54, '74, '90, 2006

Werner Heisenberg
* 1901 in Würzburg, † 1976 in München
Das ist der mit der Unschärfe. Für die Begründung der Quantenmechanik hat er 1932 den Nobelpreis für Physik bekommen.

Henry Kissinger
* 1923 Fürth
Ehemaliger US-Außenminister. Ein zweiter bekannter bayrischer Nobelpreisträger. 1973 erhielt er den Friedensnobelpreis für das Aushandeln des Friedensabkommens in Vietnam.

Martin Walser
* 1927 in Wasserburg am Bodensee (bei Lindau)
Repräsentiert als Letzter die alte Garde großer deutscher Dichter. Als Bayer dagegen eher unbekannt.

Alois Alzheimer
* 1864 in Marktbreit/Unterfranken, † 1915 in Breslau
Psychiater, beschrieb als Erster eine Demenzerkrankung, die dann später seinen Namen trug.

Ludwig Erhard
* 1897 in Fürth, † 1977 in Bonn
Der Dicke mit der Zigarre (von denen er 15–20 pro Tag rauchte), bekannt geworden ist er ausgerechnet mit seinem Spruch »Maß halten!«. CDU-Politiker trotz bayrischer Wurzeln. Bundeswirtschaftsminister, Vater des Deutschen ›Wirtschaftswunders‹, dann zweiter Bundeskanzler der BRD.

Michael Ende
* 1929 in Garmisch, † 1995 in Filderstadt
Vater von Momo, Jim Knopf und Lukas dem Lokomotivführer. Brecht-Verehrer, Italienliebhaber. (Über ihn und seine Werke gibt es eine schöne Dauerausstellung im Garmischer Kurpark.)

Levi Strauss
* 1829 in Buttenheim bei Bamberg, † 1902 in San Francisco
Deutsch-amerikanischer Industrieller, Erfinder der Jeans.

Sandra Bullock
* 1964 in Arlington, Virginia
Sie hat eine deutsche Mutter und ist in Nürnberg aufgewachsen. Sie spricht fließend Deutsch, nach eigenen Angaben mit fränkischem Akzent.

Daniel Kehlmann
* 1975 in München
Weltvermesser

Und dann noch einer, der eine besondere Beziehung zu Bayern hat:

Elvis Presley
* 1935 in Tupelo, Mississippi, † 1977 in Memphis, Tennessee (angeblich)
Von 1958 bis 1960 war Elvis in Deutschland stationiert, viele Wochen verbrachte er bei Manövern auf dem oberpfälzischen US-Truppenübungsplatz Grafenwöhr. Sein genauer Aufenthaltsort wurde geheim gehalten, Journalisten aus aller Welt reisten an, um *Private Presley* zu Gesicht zu bekommen, meist ohne

Erfolg. Der Lokalreporter Sepp Müller-Anderl aus Hirschau lieferte den Beweis für seine Anwesenheit, er entdeckte ihn während des Manövers *Wintershield* im Gasthof Zum Weißen Lamm. Hierzu gibt es zahlreiche Fotografien. Eines der vielen Gerüchte besagt: Wenn er noch lebt, dann in Grafenwöhr.

Notwendige Richtigstellung über Wolfgang Amadeus Mozart

Viele wird es überraschen, dass hier in diesem Buch von Mozart die Rede ist. Deshalb ist es nötig, geschichtlich etwas weiter zurückzugreifen. Es geht um das Salzburger Land, das heute wie selbstverständlich als ein Bundesland von Österreich bezeichnet wird. Ein Faktencheck zum Thema ›Salzburg‹:

- Nachgewiesene Besiedlung des Salzburger Raums seit der Jungsteinzeit (5500 bis 2200 v. Chr.) ✓
- 15 v. Chr. Einmarsch römischer Truppen, vom 1. bis zum 5. Jahrhundert Römersiedlung ✓
- Im 6. Jahrhundert Landnahme durch die Bajuwaren, Salzburg ist damit Teil des Herzogtums Bayern ✓
- 1803 auf Anordnung Napoleons wird Salzburg Kurfürstentum ✓
- 1805 zusammen mit Berchtesgaden Österreich zugeschlagen ✓
- 1810 wieder zu Bayern zurückgekommen ✓
- 1816 Erneuter Anschluss an das Kaisertum Österreich ✓

Das heißt im Klartext: Salzburg war zwei- bis dreitausend Jahre keltisch besiedelt, 500 Jahre römisch, dann 1200 Jahre unter bayrischem Einfluss, lediglich 200 Jahre österreichisch. Lediglich 2,5 Prozent der Besiedlungszeit war Salzburg österreichisch, und das auch nur durch die Willkür eines kleinwüchsigen Despoten namens Napoleon. Der berühmteste Salzburger ist (gleich nach Joseph Mohr, dem Textdichter von ›Stille Nacht, Heilige Nacht‹) niemand anderer als Wolfgang Amadeus Mozart. Er wurde 1756 geboren, in einer Zeit, in der Salzburg hundertprozentig bayrisch war. Mozart ist ein Bayer, wie er im Buche steht. Musikalische Belege dafür sind zuhauf zu finden. In seinem Todesjahr 1791 hat er noch *Ländlerische Tänze* komponiert, wohl schon in Wien, aber sicher unter dem Eindruck der gerade zurückliegenden Reise durch Bayern. In seinem ersten Streichquintett von 1773 verwendet er deutlich Motive aus bayrischer Volksmusik, genauso wie im letzten Streichquintett 1791. Wenn man nicht so viel Zeit hat, höre man sich daraus nur den dritten Satz, das Menuett, an. Als ob der Wurchterdinger Schorschl aus Zwickhartl-Kretzenwaging danebengestanden und den Takt geschlagen hätte.

Und nun ins thüringische Eisenach, der Geburtsstadt von Johann Sebastian Bach. Angeblich …

Ein Kapitel über die bayrische Bescheidenheit

Die Sicht von außen

Kurt Tucholsky (Berliner)

Reisende, meidet Bayern!
(Titel eines Essays in der ›Weltbühne‹ vom 7. 2. 1924,
unter dem Pseudonym Ignaz Wrobel. Das Essay ist
insgesamt lesenswert, es geht um – Garmisch-Partenkirchen)

Johann Wolfgang von Goethe (Frankfurter)

Regensburg, den 4. September 1786
Regensburg liegt gar schön. […] Die Donau
erinnert mich an den alten Main. Bei Frankfurt
haben Fluß und Brücke ein besseres Ansehn, hier
aber nimmt sich die gegenüberliegende Stadt am Hof
recht artig aus. […]
Das Obst ist nicht sonderlich.
(›Italienische Reise‹)

Arno Schmidt (Hamburger, Bargfelder)

Bergländer liebe ich nicht: nicht den breiigen
Dialekt ihrer Bewohner, nicht die zahllos gewölbte
Erde, Bodenbarock. Meine Landschaft muß eben

sein, flach, meilenweit, verheidet,
Wald, Wiese, Nebel, schweigsam.
(›Aus dem Leben eines Fauns‹, 1953)

Heinrich Heine (Düsseldorfer)

Seichtes kümmerliches Leben. Kleingeisterey.
(Brief aus München vom 1. April 1828)

Theodor Lessing (Hannoveraner)

Einmal und nie wieder
(Titel seiner Lebenserinnerungen, 1935, Kapitel 22
über München)

Rudolf Schlichter (Calwer)

Überhaupt hatte ich bald vieles an der Stadt aus-
zusetzen. Die Leute, die mir begegneten, sahen
bäurisch und kleinstädtisch aus; ihre unge-
schlachten Gestalten mit den groben Anzügen
erregten mein Mißfallen. Was mich aber am
meisten ärgerte, waren die vielen Leute in Gebirgs-
kostümen mit Nagelschuhen. Es war mir unbe-
greiflich, wie man in solchem Schuhwerk auf dem
Trottoir einer Großstadt herumkrachen konnte.
(›Tönerne Füße‹, 1933)

Theodor W. Adorno (Frankfurter)

In einer Stadt des äußersten Süddeutschland
wollte ich, als Geschenk, ›Im Schatten junger
Mädchenblüte‹ von Marcel Proust kaufen. Ich
bedaure, das haben wir leider nicht vorrätig, sagte
die Buchhändlerin in breitestem Dialekt, aber
wenn Ihnen mit ›Mädchen im Mai‹ gedient ist –
(›Noten zur Literatur‹, mit der ›Stadt des
äußersten Süddeutschland‹ ist ein gewisser alpenländischer Kurort gemeint)

Jan Neruda (Prager)

[München ist] trotz aller Pracht zum Gähnen
leblos.
(›Die Hunde von Konstantinopel. Reisebilder‹)

Das ist natürlich nur eine kleine Auswahl von miese-
petrigen Berufsmeckerern und sauertöpfischen Krau-
terern. Wem das Positive fehlt, dem sei gesagt, dass
es Negativ-Reiseberichte schon immer gegeben hat.
Im Jahre 1849 etwa veröffentlichte die englische Rei-
seschriftstellerin Favell Lee Mortimer ihr epochema-
chendes Werk »*Die scheußlichsten Länder der Welt.
Mrs Mortimers übellauniger Reiseführer*«. Sie hatte
wirklich an jedem Fleckchen der Erde etwas auszu-
setzen. Und Bayern ist nicht dabei. Also.

Bayern und Schottland

Der Abensberger Gelehrte Johannes Aventinus schrieb um 1522 über den Bayern schlechthin:

»Pleibt gern daheim, raist nit vast auss in frembde lant …«

Vielleicht ist es also die Reiseunlust, die ihn so narzisstisch macht. An der südlichen Grenze von Bayern gilt es als durchaus normal, noch nie im Leben in Österreich gewesen zu sein. Trotzdem sei hier ein kleiner Blick über den Tellerrand hinaus erlaubt. Der Blick richtet sich auf Schottland, das einige merkwürdige Berührungspunkte mit Bayern hat. Der Oberländer Schuhplattler namens ›Der Schottische‹ wurde schon erwähnt. Das schottische Wappentier *(The Lion of the North)* ist der Löwe, und die schottische Flagge trägt die Farben Weiß und Blau. Die Flagge der Könige von Schottland, der Stuarts, ziert ebenfalls ein Löwe, allerdings einer in Gackerlgelb.

Noch mehr Gemeinsamkeiten gefällig? Besiedelt wurden beide Länder von den Kelten. Im schottischen Fall kamen sie aus Irland, es waren die Skoten. Im bayrischen Fall kamen die alten Noriker, Räter oder Vindeliker aus dem Böhmerwald. Dudelsack, Kilt und Whisky sind die bekanntesten Elemente der schottischen Kultur, und sie haben ihre Entsprechung in Basstuba, Lederhose und dunklem Bier. Sieht nicht der bunte *sporran* am Kilt eines Schotten aus wie ein Charivari? Hat nicht das *sgian dubh*, der Strumpf-Dolch, seine Entsprechung im locker getragenen Taschenfeitel, dem Stichmesser? Und was ist drin im *Haggis*, dem geheimnisumwitterten schottischen Nationalgericht? Die Antwort ›various‹ ist eigentlich nicht beruhigend. Die Zutaten zu den in einen Schafmagen eingewickelten Innereien sind genauso geheimnisvoll wie die des Leberkäs'. Das Haggis-Tier sieht auch dem bayrischen Wolpertinger verdächtig ähnlich. Und anders als bei vielen anderen Städtepartnerschaften ist die zwischen Edinburgh und München durchaus plausibel.

Doch die am meisten ins Auge fallende Gemeinsamkeit ist die Freistaatlichkeit und weitgehende Autonomie beider Länder. Die Schotten sind allerdings radikaler. Es gab dort in den letzten Jahrzehnten eine starke Bewegung für die Auflösung der Union mit dem Vereinigten Königreich, 2014 fand ein diesbezügliches Referendum statt. Es führte nicht zum Ziel, doch die Experten sind sich einig, dass es irgendwann klappen wird. Die Selbständigkeit Schottlands hätte zur Folge, dass die Queen nur noch über England, Wales und Nordirland herrschen würde. Falls Schottland dann die naheliegende und bewährte Regierungsform der parlamentarischen Monarchie wählte, wer würde dann den schottischen Königsthron besteigen? Es müsste jemand aus dem Hause Stuart sein.

Wir schreiben das Jahr 1603. Nach dem Tod der kinderlosen englischen Königin Elisabeth I. wurde der bisherige schottische König Jakob *(James)* VI. als Jakob I. zum König des Vereinigten Königreichs gekrönt. Damit begann die Herrschaft der Stuarts auch in England und Irland. Sein Enkel Charles II. *(The Merry Monarch)* wurde von der Glorious Revolution 1688 wegen seines katholischen Glaubens davongejagt. Für Stuart-Loyalisten hat es seit ihm keinen legitimen Throninhaber mehr gegeben. Die Königsträume des Thron-Prätendenten Charles Edward Stuart *(Bonnie Prince Charlie)* scheiterten 1746 in der Schlacht bei Culloden. Von ihm führt eine direkte Linie zum heutigen Wittelsbacher Franz von Bayern. Er ist ein Nachfahre der Stuarts und wird deshalb von den Jakobiten seit dem Tod seines Vaters Albrecht als Prätendent auf den britischen Thron angesehen und von ihnen als ›Francis II., König von England, Schottland, Irland und Frankreich‹ bezeichnet. S. K. H. Franz Herzog von Bayern, Schirmherr des Bayrischen Dachshund-Klubs, hat diesen Titel niemals öffentlich beansprucht, wäre aber durchaus berechtigt, schottischer König zu werden. Und in diesem Fall könnte er mit der Schillerschen Maria Stuart (III. Akt, 4. Szene) ausrufen:

> »Fahr hin, lammherzige Gelassenheit,
> Zum Himmel fliehe, leidende Geduld,
> Spreng endlich deine Bande, tritt hervor
> Aus deiner Höhle, langverhaltner Groll …«

Sollte Schottland jedoch im Vereinigten Königreich verbleiben – auch die Queen kommt ohne Bayern nicht aus. Ihr Ururgroßvater, Prinz Albert von Sachsen-Coburg und Gotha, war der Gemahl von Königin Victoria. Ihr eigener Ehemann, Prinz Philip, Duke of Edinburgh, ist der Sohn einer Coburgisch-Hessischen Prinzessin.

♫ Rule Bavaria! Bavaria rule the waves …

Eigenartige Museen

- Alte Schnupftabakfabrik (Regensburg)
  In einem aus dem 12. Jahrhundert stammenden mittelalterlichen Patrizierhaus gründeten die Brüder Bernhard 1812 eine Fabrik, in der bis 1999 Schnupftabak produziert wurde. Der *Schmalzler Franzl* war so begehrt, dass die Fabrik vor dem Zweiten Weltkrieg die größte Schnupftabakfab-

rik in Deutschland mit ca. 350 Mitarbeitern war. Große begehbare Fermentationsfässer mit einer Riech- und Hörstation.

- Luftmuseum (Amberg)
  Luft wird in der »Engelsburg« sichtbar, hörbar, erlebbar und begreifbar. Besonders hervorzuheben: die Luftnacht im Luftkunstort Amberg mit vielen Luftkünstlern und Luftkunstwerken.

- Levi-Strauss-Museum (Buttenheim)
  Das Museum befindet sich im Geburtshaus von Levi Strauss, in dem der Jeans-Erfinder seine ersten 18 Lebensjahre verbrachte.

- Puppentheatermuseum »Die Kiste« (Augsburg)
  Die berühmten Marionetten der Augsburger Puppenkiste sind in ihrer ›natürlichen Umgebung‹, also den Kisten, zu bewundern: Kater Mikesch, Urmel, Jim Knopf, Lukas der Lokomotivführer, Kalle Wirsch, die Katze mit Hut und unzählige andere der legendären Stars an Fäden aus mehr als 50 Jahren Theater und Fernsehen.

- Pumuckl-Museum
  (in der Bartlmämühle Ohlstadt)
  Größter Pumuckl-Fan ist ein Schreiner aus Ohlstadt, der dem Kobold das weltweit erste Museum

eingerichtet hat. Selbst Elis Kaut hat einiges aus ihrem Privatbesitz beigesteuert.

- Deutsches Knopfmuseum (Bärnau)
  Der größte und der kleinste Perlmuttknopf der Welt. Wandteppiche mit Hunderten von Knöpfen. Das Knopfpaar, dessen Kleidung aus über 18 500 Knöpfen besteht. Knöpfe aus vier Jahrhunderten und 26 verschiedenen Materialien.

- Fingerhutmuseum (Creglingen)
  Weltweit einziges Spezialmuseum mit mehr als 4000 Exponaten aus aller Welt, vom Altertum bis zur Neuzeit.

- Pfefferminzmuseum (Eichenau)
  Deutschlands einziges Museum über Anbau, Ernte und Trocknung, Heilkraft und Geschichte der Minze sowie über andere früher im Ort angebaute Heil- und Gewürzkräuter. Eichenau (im Westen von München) war Anfang des 20. Jahrhunderts in ganz Europa als Anbaugebiet hochwertigster pharmazeutischer Pfefferminze bekannt.

- Kartoffelmuseum (München)
  Weltweit das einzige Museum, das sich der Kartoffel ausschließlich in kunst- und kunsthistorischer Hinsicht annähert.

- Wagner-Museum (Bayreuth)
  Richard Wagners ehemaliges Wohnhaus ›Wahn-fried‹ und das neue Richard-Wagner-Museum wurden nach dreijährigem Erweiterungsbau 2015 wiedereröffnet.

- Polizeimuseum (München)
  Die Ausstellung widmet sich der Geschichte der Münchner Polizei. Sie beginnt mit dem Bezug des Polizeipräsidiums Ettstraße im Jahr 1913 und führt danach durch die verschiedenen Epochen bis zu den aktuellen großen Einsätzen und Fällen. Dabei wird unter anderem auf historische Kriminalfälle (wie die Geiselnahme in der Prinzregentenstraße und das Olympiaattentat) sowie die legendäre Funkstreife Isar 12 eingegangen. Trotz des relativ kleinen Ausstellungsraums verbringt man ca. zwei Stunden mit vielen spannenden Geschichten bei der Führung, die ein leibhaftiger Kriminaler über-nimmt.

- Bier- und Oktoberfestmuseum (München)
  Museum im ältesten Bürgerhaus Münchens (1340)

- Markus-Wasmeier-Freilichtmuseum (Schliersee)
  Initiator des altbayrischen Bauernhofdorfes ist Skilegende Markus Wasmeier.

- Erika-Fuchs-Haus (Schwarzenbach an der Saale)
  Deutschlands erstes Comic-Museum. Dr. Erika Fuchs, die Übersetzerin und Chefredakteurin des Micky-Maus-Magazins, lebte 50 Jahre lang in dem kleinen Ort am Fichtelgebirge.

- Deutsches Fastnachtmuseum (Kitzingen)
  Im unterfränkischen Kitzingen – und nicht etwa in Köln oder Mainz – gibt es die Antworten auf Fragen zu närrischen Bräuchen (Was heißt z.B. eigentlich ›Helau‹ und ›Alaaf‹?). Dort wurde seit den 1960er Jahren die bedeutendste Sammlung des deutschsprachigen Raumes mit mehreren tausend Objekten zu den Themen Fastnacht, Karneval und Fasching aufgebaut.

- Waldmuseum (Zwiesel)
  Alles über den Bayerischen Wald.

Die Spitze des Eisbeins

1 Kopf	7 Kotelett
2 Kamm	8 Schwanz
3 Schulter	9 Wammerl
4 Brust	10 Vorderkeule
5 Rückenspeck	11 Bauch
6 Filet	12 Eisbein

Der Schweinsbra'n

Vegetarier und Veganer: Bitte sauber ausschneiden und wütend in den geflochtenen Holzpapierkorb werfen. Etwas Quinoa essen.

Ist nicht das ganze Menschendasein mit dem Schicksal eines echt bayrischen Schweinsbratens zu vergleichen? Zuerst sind wir noch gar kein solcher, sondern stecken eine halbe Ewigkeit zwischen Bauch und Oberschale einer Sau, unschuldig, aber nicht unglücklich, denn wir wissen noch nicht, wohin die schweinischen Geschicke uns führen werden. Von unseren Nachbarn, den flachsigen Oberschalen und durchwachsenen Koteletts hören wir Märchen, dass es irgendwo da draußen sagenhafte kümmelduftende Gegenden mit gewürzgetränkten Seen geben soll. Kümmel – was für ein Wort der Verheißung!

Dann tut es einen Dumpfen, und wir meinen, es ist aus mit dem Leben. Aber jetzt gehts erst an, denn wir werden herausgelöst und gewalkt und gerissen und zugeschnitten. Nach der dunklen Enge kommt uns die Welt unendlich weit vor, wir sehen das erste Mal Licht, atmen das erste Mal Luft. Sind wir im Himmel? Ja, so ist es wohl. Fremde, unbekannte Wesen in weißen Schürzen halten uns hoch, um uns zu loben und zu preisen. Das sind sicherlich die Engel. Von Hochrippen ist da die Rede, von Maisfütterung, von organischem Bio-Dung und Rückzüchtung zur

Wildsau. Dann wird es kalt, eiskalt, saukalt sozusagen, und wir meinen schon wieder, jetzt ist alles zu Ende, aber da werden wir auf Schälchen aus purem Porzellan gebettet und in eine Auslage gestellt. Köpfe tauchen hinter dem Glas auf, Finger deuten auf uns, es wird geflüstert und getuschelt. Sind das die Götter, die über uns richten?

»Ich möchte die Schulter da!«

»De da?«

»Nein, die danebben.«

»Für wie viel Personen darfs denn sein?«

»Eine kleine Familienfeier zu acht.«

»Was feiern Sie denn Schönes?«

Nach einiger Zeit wird es warm und heiß, immer heißer, höllenhaft heiß, und wir fürchten schon fast, dass es jetzt endgültig und unwiderruflich aus ist, da öffnet sich das Backofentürl, und jemand ruft entzückt:

»So ein schöner Bra'n! Ich glaub, er ist fertig.«

Jetzt haben wir unsere Bestimmung erreicht! Ein regelmäßig gerauteter, glitzernder Königsmantel hat sich um unsere Schulter gelegt, wunderbar kross ist er, und er duftet nach Kümmel und Schwarzbier. Auch haben wir einen Namen bekommen. Bra'n – ein wunderbarer Name. Wir werden herumgetragen, an einem weiß gedeckten Tisch sitzen acht festlich gekleidete Edelleute und klatschen Beifall. Sie sprechen ein Gebet. Für uns. Vor ein paar Stunden noch zwischen Bugrippe und Vorknochen eingezwängt, jetzt im Land, wo Milch und Honig fließen. Wir liegen auf einem warmen Bett aus purpurrotem Kraut und werden mit einer heißen, köstlich duftenden Flüssigkeit übergossen. Wir sind die Könige dieser Tafel. Unsere Reichsinsignien: ein rauchender Knödel und ein Zepter mit zwei spitzen Zacken. Die Edelleute sitzen im Kreis und loben und preisen uns über alle Maßen. Einer steht auf. Es duftet nach Weihrauch und Kümmel.

»Das Testament schauen wir uns später an. Zuerst gibts den Bra'n.«

Das Zepter mit den zwei spitzen Zacken blitzt auf. Und wir denken, dass gleich etwas Großes, Weihevolles geschieht.

Noch mehr Fakten

- Das Stichwort ›Bayern‹ bringt bei Google 284 000 000 Ergebnisse, Hessen nur 82 000 000
- Es gibt große Unterschiede zwischen der Baden-Württemberger und der Bayrischen Brezel. Ein Auszug aus dem ›Amtsblatt der Europäischen Union 2013/C 262/06‹: »Während bei schwäbi-

schen Brezeln der Ansatz der Ärmchen sehr tief liegt und dadurch der obere Bogen als Bauch bezeichnet werden kann, sitzt er bei den typischen bayerischen Brezen deutlich höher.«

- Echt Allgäuer Kässpätzle werden vom Brett ins heiße Wasser geschabt. Missratene, großklumpige Spätzle werden auch Raben, Rappen, Kartoffeln, Nachtigallen, Großvater oder Adler genannt.

- Das österreichische Kleinwalsertal ist nur über bayrisches Staatsgebiet erreichbar. Durch die Insellage (Fachausdruck: ›funktionale Enklave‹) bemerkt man den Unterschied zwischen Bayern und Österreich besonders deutlich.

- Vor dem Eingang des ›Schelling-Salons‹, in der Münchner Schellingstraße 54, Ecke Barer Straße, sind nachweislich die meisten Literaten, Komponisten, Diktatoren, Maler und Terroristen gestanden: (Auswahl) Lenin, Heuss, FJ Strauß, Brecht, Rilke, Kandinsky, Ibsen, Marc, Carossa, Ringelnatz, Horváth, Andreas Baader. Wenn man Glück hat, sieht man dort einen Fremdenführer, der weitere Prominente nennt. Es gibt Stadtführungen, die sich nur auf diesen einen Punkt vor dem Schelling-Salon beschränken.

- Winterstettenstadt ist ein Ortsteil von Ingoldingen im Landkreis Biberach in Oberschwaben. Am 8. Juli 2007 musizierten dort 286 Basstuba-Spieler unter der Leitung des örtlichen Musikvereins. Sie kamen damit ins Guinness-Buch der Rekorde. Über das Lied, das gespielt wurde, ist nichts bekannt. Vielleicht war es ja ein zartes bayrisches Liebeslied wie zum Beispiel …

♫ Fein sein, beinander bleiben,
fein sein, beinander bleiben.
Mags regn oder windn oder aberschneiben.
Fein sein, beinander bleiben.

- Dieser Dreigesang, Inbegriff schlichter alpenländischer Volksmusik, zeigt eine merkwürdige Parallelität zu Richard Wagners Liebes- und Sehnsuchtsmotiv in *Tristan und Isolde*. ›Fein sein‹ beginnt mit einem Intervall, das dem Tristan-Vorspiel verblüffend ähnlich ist:

Schuhplattler und Wiesenkräuter

Es war Frühling. Der edle Ritter Don Quixote und sein treuer Knecht Sancho Pansa ritten durch das Chiemgauer Land. Plötzlich erblickten sie ein hölzernes Podest, auf dem sich Burschen tummelten, die sich auf die Schenkel schlugen und etwas auf dem Boden niederzutreten schienen. »Was ist das?«, fragte der edle Ritter. »Das ist ja merkwürdig«, erwiderte Sancho Pansa. »Man sieht weit und breit keine Gegner. Diese Burschen sind wie wir: Sie kämpfen ebenfalls mit sich selbst!«

Miguel de Cervantes, »Don Quixotes Auslandsreisen«

Der Schuhplattler ist ein bayrischer und österreichischer Volkstanz. Das ursprüngliche Verbreitungsgebiet reicht im Norden bis nach Bad Tölz und Ruhpolding, im Osten bis ins Salzachtal. Die Linie zwischen dem Werdenfelser Land und Meran markiert in etwa die Westgrenze. Die südlichsten historischen Belege finden sich im Eisacktal und im Pustertal. Trauen Sie also keiner Schauschuhplattelveranstaltung, die in München, Augsburg oder Nürnberg stattfindet. Das ist Touristennepp, es sei denn, die *Original Ruhpoldinger* träten bzw. stampften auf. (Verlangen Sie immer einen gültigen Ausweis.) Das Schuhplatteln ist das Symbol für das kraftvolle, urwüchsige, ländliche Bayern. Das hat auch die Wirtschaft schon längst entdeckt. Eine in Bayern hergestellte (oder abgefüllte oder umgefüllte oder etikettierte) Milch zieht auf der Verpackung marketingmäßig fast unweigerlich ein paar stachlige Burschenhaxen mit Wadlstrümpfen und Haferlschuhen nach sich. Milch aus Hindelang oder Memmingen verkauft sich wohl gar nicht anders. Dort ist das Schuhplatteln zwar nicht zu Hause, aber die Außenwahrnehmung ist ebenso: Wo der Löwe brüllt und das Bier fließt, dort hat auch geplattelt zu werden. Ein Ausländer, der französische Weltreisende und Fotograf Hugues Krafft, hat die urbayrische Übung im Jahre 1886 präzise beschrieben:

»Während nun die Tänzerin kurzzeitig von ihrem Partner getrennt wird und weiterhin Walzerschritten folgt, muss der Tänzer zum Takt der Musik eine Reihe schwieriger Bewegungen ausführen. Er dreht sich um die eigene Achse, klopft sich auf Schenkel und Beine, fällt auf die Knie oder springt in die Luft und wirft seinen Hut, während er ein freudiges ›Tju-hu‹ ausstößt.«

Es gibt unzählige Varianten des Schuhplattelns, darunter auch durchaus akrobatische. Beim ›Trestern‹ etwa stützt sich der Bursch im Handstand auf die Schultern seiner Partnerin und stampft mit den Beinen an die Zimmerdecke. So jedenfalls berichtet das *Illustrierte Wiener Extrablatt* am 22. September 1908. Der ›Watschenplattler‹ wiederum wird häufig in den deutschen Heimatfilmen der fünfziger und sechziger Jahre gezeigt. In der Hochzeitsszene in ›Die fröhliche Wallfahrt‹ (1956) wird er sogar von Kindern vorgeführt. Der Watschenplattler ist inzwischen zum Sinnbild für das verfälschte Brauchtum geworden. Aber Moment mal: Das müsste doch gerade zeigen, dass es im Gegensatz dazu auch unverfälschtes Brauchtum geben muss! Das wahre Brauchtum, das schon sehr lange Zeit existiert, das lebendig von Generation zu Generation weitergegeben wird und bei dem uns wieder einmal eine keltische Anmutung um die Ohren pfeift. Haben die ersten Noriker, Räter oder Vindeliker vielleicht schon geplattelt? Und dabei den Balztanz des Auerhahns nachgeahmt, wie der Münchner Autor Karl Stieler vermutete?

Mitnichten! Alles Lug und Trug. Das Schuhplatteln als festgelegter Tanz entstand erst Mitte des 19. Jahrhunderts, und es war damals schon nichts anderes als ein Schautanz für Touristen. Unter Kulturwissenschaftlern gilt das Platteln (zusammen mit dem schottischen Kilt oder dem Sirtaki) als Musterbeispiel für ›Erfundene Traditionen‹. Das sind in ›rosige‹ oder ›ursprüngliche‹ Vergangenheiten zurückprojizierte Brauchtumsfälschungen, die dazu dienen sollen, »bestimmte Normen und Strukturen gegenüber einem gegenwärtigen Wandlungsdruck gesellschaftlich zu legitimieren und zu festigen«, so der britische Historiker Eric Hobsbawm. Also: Brauchtum flammt immer dann auf, wenn es gesellschaftlich nötig ist, es ist nichts als ein disziplinierendes und ablenkendes Machtinstrument. Aber ausgerechnet unser gutes altes Schuhplatteln, das sozusagen im Bayrischen Wappen mitgedacht werden muss!

Seufz. Was ist dann überhaupt bayrisch, wenn alles von außen gekommen ist und immer noch kommt? Wenn die Feldherrnhalle der Loggia dei Lanzi in Florenz nachgebaut ist, die Weißwürste von den Franzosen erfunden worden sind, das Bier von den alten Ägyptern? Wenn selbst die ersten Bewohner eingewanderte Tschechen waren? Was ist dann das Alleinstellungsmerkmal? Vielleicht das Jodeln? Pustekuchen, das Jodeln gibt es als Kommunikationsform in China, Georgien (›krimanchuli‹) bei den Inuit, im Kaukasus, im lappländischen Sápmi (›joik‹, ›juoigan‹), in Melanesien, bei den Pygmäen (›mokombi‹), in Thailand, den USA, in Schweden (›kulning‹, ›kölning‹ (!)), und – schließlich dann auch noch im Alpenraum.

Aber nein, ein kleines Pflänzchen gibt es doch noch, das ausschließlich in Bayern, nirgendwo sonst auf der Welt, zu Hause ist, und das schon seit Ewigkeiten.

Es zählt zu Bayerns ›Ureinwohnern‹, und es ist ein zartes Pflänzchen im wahren Sinn des Wortes. Das *Bayrische Löffelkraut* (Cochlearia bavarica) kommt weltweit nur noch an 22 bekannten Standorten vor, 8 davon liegen in Oberbayern, 14 im Allgäu. Früher wurde es in der Kräuterküche der Klöster verwendet, sein Geschmack ist intensiv meerrettichähnlich und eher gewöhnungsbedürftig. Doch darf es heutzutage ohnehin nicht mehr gepflückt werden, denn das Bayrische Löffelkraut ist streng geschützt. Man müsste tatsächlich einmal nachschauen, ob nicht der geheimnisvolle Waldprophet aus Niederbayern, der Mühlhiasl, eine entsprechende Prophezeiung abgelassen hat: *Wenn das letzte Löffelkrautpflanzerl verdorrt ist, dann … ja dann!* … Steigen dann aus dem Meer siebenschwänzige Drachen auf? Fallen die Sterne vom Himmel? Gibt es das biblische Heulen und Zähneknirschen? Also auf ins Kupferbachtal bei Glonn. Dort gibt es noch ein paar Exemplare des Bayrischen Löffelkrauts. Gießkanne nicht vergessen.

Weiterführende Leseliste

Wer mehr über Bayern erfahren will, dem seien folgende Bücher empfohlen. Es ist eine kleine, subjektive Auswahl.

Oskar Maria Graf, *Das Leben meiner Mutter*
Der Roman spielt rund um den Starnberger See im Zeitraum von 1857 bis 1934. Die Biographie wird weltgeschichtlichen Ereignissen gegenübergestellt. Eine herrlich genaue Schilderung dörflichen Lebens in Oberbayern. Genial sind die vielen historischen Exkurse, vor allem die zu König Ludwig II.

Thomas Grasberger, *Grant: Der Blues des Südens*
Standardwerk über die spezielle bayrische Befindlichkeit des Grantelns, Quertreibens, Raunzens, Grundlos-beleidigt-Seins. Ein wuchtiger Schlag gegen den momentanen Gute-Laune-Terror.

Ludwig Thoma, *Der Ruepp*
Ein historischer Roman aus dem Jahr 1921 über den Niedergang einer Bauernfamilie. Vom Ruepp gibt es eine schöne Hörbuchaufnahme mit Wolf Euba, der Stimme Bayerns schlechthin. So wie Euba hat wahrscheinlich König Ludwig II. gesprochen.

Ludwig Ganghofer,
Der Herrgottschnitzer von Ammergau
Vorsicht: Kitsch-Alarm!

Ludwig Margraf, *Mythos Weißwurst*
Zusammen mit Peter M. Lill hat der Ebersberger
Metzgermeister das Standardwerk darüber geschrieben. Wer hinter die letzten Geheimnisse kommen
will, hier erfährt er einfach alles.

Georg Queri,
Kraftbayrisch – Ein Wörterbuch der erotischen
und skatologischen Redensarten der Altbayern
Bayrische Schimpfwörter, Kraftausdrücke, Derbheiten. Hier wird die Sauglocke geläutet. Das Buch
erschien 1912, auf Beschluss des Königlichen Landgerichts I wurde es beschlagnahmt und ein Verfahren gegen Georg Queri »wegen Vergehens gegen die
Sittlichkeit« eingeleitet.

Herbert Rosendorfer,
Briefe in die chinesische Vergangenheit
Das bekannteste Werk von Rosendorfer, der zwar in
Bozen geboren ist, sich aber in Bayern besser auskannte als manch Eingeborener. Inhalt: Ein Chinese
kommt aus der fernen Vergangenheit nach Ba Yan,
speziell in dessen Metropole Min-chen. Dort ist
meistens ein rechtes Sau-we-da.

Günter Stössel, *Nämberch English spoken*
Eine frappierende Anleitung zur Aussprache des fränkischen Dialekts – einfach als englischen Text lesen: »Way an mention blows a zoo a blade sin I felt – des buggy fie net!« (»Wie einem Menschen nur so ein Blödsinn einfällt – das pack ich definitiv nicht!«)

Lion Feuchtwanger, *Erfolg*
Eine der Romanfiguren, der Schriftsteller Tüverlin, charakterisiert die Bayern so: »Ist er nicht großartig in seiner Ich-Beschränktheit, dieser Bewohner der bayrischen Hochebene? Wie er seine Fehler als Stammeseigentümlichkeiten glorifiziert. Mit welcher Überzeugung nennt er seine atavistische Plumpheit patriarchalisch, seine Grobheit knorrig, seine dumpfe Stierwut gegen alles Neue Sinn für Tradition. Prachtvoll, wie er sich wegen seiner primitiven Rauflust als den bayrischen Löwen feiert.«

Teja Fiedler,
Mia san mia: Die andere Geschichte Bayerns
Mit leichter Feder geschrieben, regt dazu an, sich mit der Geschichte Bayerns noch weiter zu beschäftigen.

Carl Amery, *Leb wohl geliebtes Volk der Bayern*
Die Edelfeder unter den bayrischen Autoren setzt hier zu einer umfassenden Erklärung der bayrischen Seele an. Es ist eine gleichzeitig originelle und sach-

kundige Aufarbeitung der bayrischen Geschichte. Besonders hat mir die Stelle im Nachwort gefallen: »Der nachdenkliche Leser wird bemerkt haben, dass der Name Franz Josef Strauß in diesem Buch nicht vorkommt. […] Seine Aufblasung zur Jahrhundertfigur können wir unseren norddeutschen Vettern – Feinden wie Freunden – überlassen.«

Elisabeth Tworek,
Spaziergänge durch das Alpenvorland
der Literaten und Künstler
Die Murnauer Literaturwissenschaftlerin und Leiterin der Münchner Monacensia ist ein Ausbund an Detailgenauigkeit. Was die Frau alles zusammengetragen hat! Sie ist *die* Spezialistin für (ober)bayrische Künstler, Kunstwerke, Kunstfertigkeiten und Kunstformen.

Johann Andreas Schmeller,
Bayerisches Wörterbuch
Er war der Begründer der modernen Mundartforschung. Wer es ganz ausführlich mag – der ›Schmeller‹ ist das Vorbild für die vielen bayrischen Wörterbücher, die noch kamen.

Zwei möchte ich noch nennen, die man sehen und erleben muss. Es ist der literarische Spaziergänger **Dirk Heißerer**, der jeden Fleck in Bayern kennt, sofern ihn ein Künstler, ein König oder ein Philosoph betreten hat. Seine Exkursionen und Ausflüge sind Kult. Bei den Spaziergängen kann man ihm ein Loch in den Bauch fragen – er weiß alles. Der Passauer **Sigi Zimmerschied** wiederum ist der hämisch lachende Kaiser unter den hechelnden Hofnarren des Kabaretts. Alle paar Jahre haut er ein wuchtiges Ding raus, das sich Kabarett nennt und das viel mehr ist als Kabarett. Es ist niederbayrische Philosophie.

Ein Nachwort von Josef Filser

Gelibte Leser

Ich bin der Jozef Filser, fon meinen Beruf Ögonohm und durch das Ferdrauen des Folkes barlamendarrischer Abgeorneter. Ich habe die Schuhle in Mingharting besucht und auch zu meiner Follkomenheid das Mäzgerhandwerg erlehrnt bis ich das elderliche Anwesen iebernahm und es noch besieze. Jetz soll ich ein Nochword schreiben für ein boarisches Büacherl, das von der boarischen Seele und die alten Bräuch handelt, nadürlich all das in meinem unferwexelbaren Stil, der als Filserdeitsch bekannt ist. Jetz mus ich eines sagen: Ich habe noch nie ein Nochword verfast. Bisher habe ich immer nur Brife an meine Mari verfast, die ich gud kene, weil sie mein Eheweib ist und die die Schreiben ein bahr Tage später erhalten hat. Du aber, liber Leser, dich kenne ich gar nichd und ich weis auch nichd, wann du düse Zeilen lesen wirst. Filleicht von jetz an gerechnet in paar Tagen. Fileicht aber auch erst in der fernen Zuhkumpft oder noch später. Liber Leser in 100 Jahren! Einiges wird dir fremd in dem Büacherl vorkommen. Warscheinlich kennst du den FC Bayern zum Beischbil gar nichd mehr. Er hat einmal in der erschden Fusbalklasse gespielt und das auch wirklich gud. Ich bin ein Man des Folkes, deswegen kann ich nichd in die Zuhkumpft schauen. Aber ich habe das forligende Büchacherl gelesen und ich schwöre, das meischte ist so, wie es hier geschriben steht, wenn nichd sogar alles.

Kelobt sei Jessas Kristo in ahler Ewikeid.

Ahmen.

Dieses beschtetigt mit eigenhentiger Underschrift

Jozef Filser

PS Das mein Freint, der Maurer Jörg, die Rinftln nichd kent, dariber mus ich mich schon ser wundern. Die Mari, weil sie mein Eheweib ist, kochd die jede Woche, das ist eine Schbäziolided von ir.

Inhalt

Mein besonderes

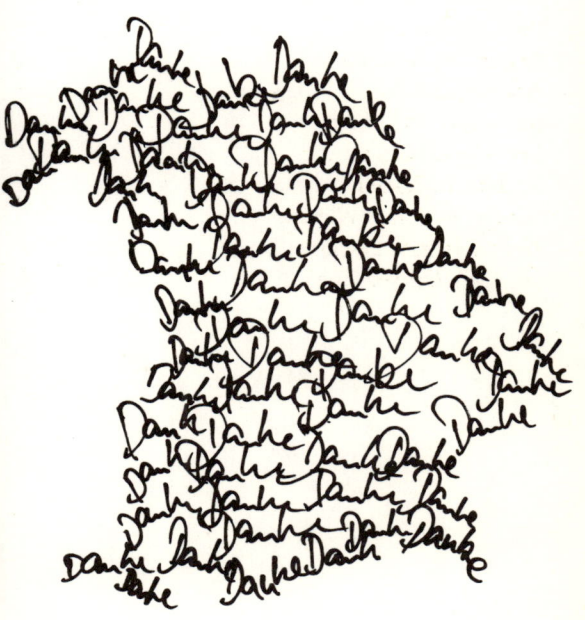

gilt Cordelia Borchardt
und Marion Schreiber

Jörg Maurers Alpenkrimis
im Hörbuch, von ihm selbst gelesen

Föhnlage
4 CDs

Hochsaison
4 CDs

Niedertracht
5 CDs

Oberwasser
5 CDs

Unterholz
6 CDs

Felsenfest
6 CDs

Der Tod greift nicht daneben
6 CDs

Schwindelfrei ist nur der Tod
6 CDs

»Große deutsche Unterhaltungsliteratur: endlich!«
Denis Scheck, SWR

Das gesamte Programm gibt es unter
www.fischerverlage.de

Martin Walker / Anica Jonas
Die Schweiz für die Hosentasche
Was Reiseführer verschweigen

Band 51313

Wie tief ist der Röstigraben und wo liegt er?
Was versteckt sich hinter Schwingen, Hornussen und Jassen?
Was ist ein Brocki?
Warum heißt »Mensch ärgere dich nicht«
in der Schweiz »Eile mit Weile«?
Haben die Schweizer Humor und wenn ja, welchen?

Der Schweizer Martin Walker und die in Zürich lebende
Deutsche Anica Jonas) haben alles Ungewöhnliche, Unglaub-
liche, Wissens- und Unwissenswerte über die großartige
Schweiz gesammelt und präsentieren es äußerst kurzweilig in
diesem Buch.

Ulrich Glauber
Österreich für die Hosentasche
Was Reiseführer verschweigen
Band 51314

Was Sie die Österreicher nie zu fragen wagten – Österreich-
Experte Ulrich Glauber verrät Ihnen in diesem handlichen
und informativen Reiseführer alles über das beliebte Urlaubs-
ziel der Deutschen.

Warum heißt es Palatschinken, wenn
gar kein Schinken drin ist?
Wer war eigentlich Piefke, oder warum sind die
Österreicher mit den Deutschen »verfreundet«?
Welches ist der Lieblingssport der Wiener?
Wer oder was ist Kakanien?

Das gesamte Programm gibt es unter
www.fischerverlage.de

Jörg Maurer
Schwindelfrei ist nur der Tod
Alpenkrimi
432 Seiten. Klappenbroschur

Der Tod fährt gern Ballon.
Der achte Fall für Star-Ermittler Kommissar Jennerwein

Hoch über dem idyllisch gelegenen Kurort schwebt ein Heißluftballon. Plötzlich ist er verschwunden. Vom Winde verweht?
Abgestürzt? Oder explodiert? Bei den Ermittlungen wirkt
Kommissar Jennerwein abgelenkt. Seit langem besucht er
heimlich einen Unbekannten im Gefängnis. Als der auf einmal
im Kurort auftaucht, droht Jennerweins ganze Existenz wie
ein Ballon zu zerplatzen.

»Ein Krimi-Kunstwerk:
Kult-Kommissar Jennerwein im Höhenflug –
das ist spannend, urkomisch, gnadenlos
und auch mal fast poetisch.«
Daniela Baumeister, hr2 Kultur

Das gesamte Programm gibt es unter
www.fischerverlage.de